간호창업과 마케팅

김명애 지음

"병원 취업은 더 이상 여러분의 꿈이 될 수 없습니다. 다시는 병원 취업을 꿈이라고 말하지 않습니다. 간호학을 뛰어넘어야 합니다. 간호학과에 다니는 동안 간호학은 기본으로 가져가면서 최대한 다른 영역의 정보와 지식을 가득가득 채워 넣으십시오. 그래야 여러분들이 더욱 간호사답게 전문가로서 자신 있고 당당하게 일할 수 있습니다."

위의 글은 나의 저서 『널스브랜딩』에 내가 적어 넣었던 말이다. 언제부터인가 간호사의 현실이 최악을 치닫는 것을 보면서도 취업률이 높기 때문에 간호라는 영역에 어쩔 수 없이 뛰어들었다는 학생들을 쉽사리 만날 수 있게 되었다. 그렇게 간호학과에 들어와서는 간호사가 되기 위해 뚜렷한 목표와 비전 없이 전력질주를 시작한다.

무엇을 위해서 그렇게 열심히 달려가고 있는 것인지, 자신이 누구고 여기는 어디인지 상황 판단이 되지도 않는 상태로 그저 모두가 뛰어가는 곳을 향해 막무가내로 달려가고 있는 듯하다. 그런 모습을 볼 때마다 안타까운 마음을 어찌 표현해야 할지. 너무 마음이 아프다.

간호사는 선생님이고, 동시에 행정가이기도 하다. 그러므로 간호사는 탁월한 리더십을 바탕으로 기획을 해야 한다. 환자를 케어하거나 병동의 시스템을 구축하거나 아니면 헬스케어 관련 사업에 대해 새로운 분야를 개척할 때도 모두 기획이 필요하다.

간호학과 학생들에게 꼭 말해주고 싶다. 간호학과에 왔으니 간호사가 되는 것은 당연하고 병원에 들어가는 것만이 꿈이라고 생각하는 것은 이미 갇힌 사고의 틀 속에 자신을 묶어두는 것임을...

간호창업과 마케팅이라는 영역에 대해 처음 수업을 준비하면서 설레여하던 것이 벌써 7년 전이다. 간호학에 '마케팅'이란 분야가 교양필수로 들어가는 꿈을 이루기 위해 경영대학원의 마케팅 MBA 과정부터 간호학 박사를 취득하기까지의 험난한 시간을 모두 감내해야 했다. 그리고, 마침내 간호창업과 마케팅 수업이 간호학과 1학년 전체에게 [교양필수] 과목으로 선정되는 쾌거를 이루게 되었다. 이보다 더 기쁜 일이 있을까 싶다. 창업과 마케팅에 대해 머리로만 배우는 것이 아니다. 자기 자신에 대해 깊이 있게 이해하고 그에 맞는 간호인으로 성장하기 위해 무엇을 알려주면 좋을지 고민하면서 삶에 지칠 때 자신의 꿈과 비전을 반추할 수 있도록 생각을 정리하여 써내려 갈 수 있는 공간들을 책 속에 만들어두었다.

고정관념이 정해놓은 기준에 의해 간호사는 무조건 병원이라는 점 속에 우리 간호학생과 간호사들이 갇히지 않고, 더 넓은 세상을 향해 힘차게 도약하길 바란다.

저자 김명아

CONTENTS

Part 1

간호창업의 핵심

제 1 장

창업의 이해

1) 창업의 개념과 프로세스

간호학과에 입학하면서 창업을 생각하는 사람들은 많지 않을 것이다. 그러나 여러 가지 의미에서 간호와 창업은 매우 잘 맞는다. 창업의 개념에 대해 제대로 이해하고 지금부터 준비한다면 우리가 생각하고 기대하는 것 이상의 결과물을 보게 될 것이다.

1. 창업의 개념

창업은 단순하게 새로운 무언가를 시작하는 개념이 아니다. 규모와 형태에 관계없이 새로운 사업을 창출하는 것은 모두 창업이라고 할 수 있다. 직업의 변경이나 기존의 작업에 더하여 부업을 새로 시작하는 것이 아닌 전혀 새로운 삶의 방식을 개척하는 것이다.

창업을 한다는 것은 많은 준비과정이 반드시 필요하다. 창업에는 수없이 많은 경험과 정보가 필요하고 적정한 자금이 밑바탕 되어 있어야 하며, 창업자가 살아오면서 자신만의 영역에서 쌓아온 인간관계와 삶의 전반적인 경험 및 창업자금을 마련하기 위해 소요된 인생을 모두 투자하는 것이라 정의할 수 있다.

2. 창업의 요소

(1) 창업자(대표자)

창업자의 마음가짐과 기업에 대한 비전의 유무는 성공적인 창업의 핵심적이며 가장 중요한 요소이다. 왜 창업을 하려는지에 대한 창업자의 뚜렷한 철학이 있어야 하고 사업이 시작되면 철저한 몰입이 필요하다. 대표자의 마음가짐에 회사의 성패여부가 달려있다. 대부분의 투자는 대표자가 누군지에 대한 정보와 신뢰를 바탕으로 이루어지게 된다.

(2) 창업자금(자본)

창업의 규모와 관계없이 창업을 하기 위해서는 자금 운영의 가능성 여부가 매우 중요하다. 투자액이 높아질수록 수익규모도 커질 수 있으나 그만큼의 리스크를 안고 가는 것이기에 신중해야 하고 소자본 창업의 경우에도 대충해서는 안 된다. 창업자금의 규모를 계산하여 명확한 목표를 설정하고 자금을 모아가는 것이 중요하다.

(3) 업종(아이템)

창업은 어떤 업종을 선택하느냐에 따라 결과가 확연히 달라진다. 전반적인 시장의 흐름을 잘 파악하여 아이템을 선정하지 않으면 많은 노력이 헛수고가 될 수 있다. 블루오션과 레드오션 중에서 어떤 분야에 뛰어들 것인지, 미래지향적인 아이템을 선택할지, 대중화되어 있는 아이템을 선택할지 모든 것이 의사결정의 연속이다. 창업이 시작되면 이후에 아이템을 바꾸기는 쉽지 않기 때문에 신중한 선택이 필요하다. 우선 업종을 선택할 때는 자신의 성향과 적성을 고려해야 한다. 창업자가 전혀 모르는 분야이거나 흥미와 관심이 없는 분야의 경우에는 사업을 지속하는데 많은 어려움을 겪게 된다. 또한, 창업하려는 업종의 동향을 파악하여 내가 선택한 사업은 도입기, 성장기, 성숙기, 쇠퇴기에서 어느 단계에 해당하는지에 대해 분석하고 가급적이면 성장기에 해당하는 업종을 선택하는 것이 바람직하다.

3. 창업의 자세

(1) 신뢰를 바탕으로 하는 창업

성공적인 창업을 함에 있어서 자금이나 사업수완보다도 더 많은 비중을 차지하는 것은 신뢰와 신용이다. 창업을 함에 있어서 부정적인 이미지가 있다면 주위로부터 신뢰와 신용을 되찾는 것부터가 창업의 시작이 될 수 있다. 창업을 할 때 무엇보다 신뢰를 쌓는 것에 많은 시간과 에너지를 투자해야 한다. 함께 하고픈 사업 파트너가 있을 때도 협상을 먼저하기 보다는 신뢰를 우선 쌓아야 실제 비즈니스로 연결될 가능성이 높아진다. 신뢰는 쌓기도 어렵지만 한번 무너진 신뢰를 다시 쌓는 것은 더욱 어렵기 때문에 사업파트너들과의 관계에 있어서도 항상 신중한 모습을 잃지 않아야 할 것이다.

(2) 마케팅과 영업의 중요성

창업자는 자신의 사업을 주위 사람들에게 알리고 관심을 갖게 해야 한다. 사업의 방향성과 제품에 대해서 알리고 좋은 이미지를 심어주기 위해 전략적인 노력을 끊임없이 강구하는 것이 무엇보다 필요할 것이다. 창업을 희망하는 예비창업자는 영업에 대한 막연한 두려움을 떨쳐버리고 자신에게 주어진 상황을 즐길 수 있는 자신감을 갖도록 해야 한다. 사업에서 영업은 비즈니스의 꽃으로 표현될 정도로 중요한 부분이다. 내가 하고 있는 사업에 대해 어디서든 당당하게 말할 수 있어야 하고 자신의 사업에 대해 스스로 인정하는 자부심이 있어야 한다.

(3) 전략적인 창업

모든 일을 기획함에 있어서 전략이 필요하다. 창업을 함에 있어서도 마찬가지이며 자신의 모든 것을 쏟아부어도 성공적으로 창업을 하는 경우는 절반이 안 된다. 예를 들어 1년에 1,700개 이상의 병의원이 개원하지만 이 중에 500~800개 이상은 폐업을 하는 경우가 대부분이다. 지금도 셀수 없을 정도로 많은 창업이 이루어지고 있으나 살아남는 기업은 10~20% 정도이다. 성공적인 창업을 위해서는 가장 적합한 아이템을 선정하는 단계부터 전략적인 접근이 필요하고 지속적인 재검토와 확인 그리고 관리가 필요하다. 마음만 앞서서 급하게 창업을 시작하기 보다는 하나하나 차근히 준비하고 알아가면서 전략적으로 창업을 시작해야 한다.

(4) 끊임없는 학습

창업은 끝없이 공부해야 한다. 내가 시작하는 사업 분야에 대해 잘 알지 못하면서 그 일을 시작한다는 것은 매우 위험한 행동이다. 자신이 잘 알고 있는 분야라고 하더라도 깊이 있는 이해와 학습은 반드시 필요하다. 공부하지 않는 창업자는 언젠가 큰 실패를 맛 볼 확률이 높아질 수 밖에 없다. 또한 창업을 한 후에도 지속적인 학습자세를 가지고 있어야 성공적인 창업의 길로 접어들 수 있다. 또한 앞서 성공적으로 사업을 하고 있는 선배 사업가로부터 조언을 듣거나 창업한 영역에서 자리매김을 잘 하고 있는 사업들에 대한 정보를 탐색해서 벤치마킹하기 위해 배우는 자세를 항상 잃지 않아야 한다. 사업 초반에 자신이 생각한대로 잘 진행되면 우쭐한 마음에 옳지 않은 의사결정을 하고 후회하는 사례를 수도 없이 보게 된다. 급속도로 변화하는 글로벌환경에 발맞추어 끊임없이 탐구하고 연구해야 성공적인 창업을 이끌어갈 수 있다.

4. 창업 프로세스

창업 프로세스는 창업 아이디어 도출단계, 창업트렌드 분석, 창업기회 발견, 비즈니스 모델 수립, 사업타당성 분석, 사업계획서 작성, 창업개시start-up로 이어진다. 창업 프로세스를 순서대로 살펴보도록 하자.

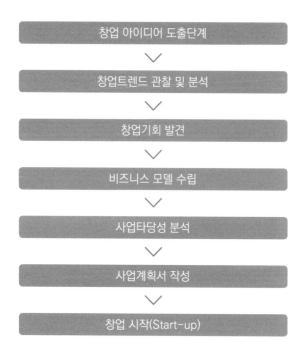

(1) 창업 아이디어 도출단계

창업 기회를 발굴하는 것부터가 창업의 시작이 될 것이다. 창업의 요소들에 대한 심도 깊은 검토와 함께 어떤 창업을 할지에 대한 종류도 결정해야 한다. 창업 기회는 곧 사업 아이디어와 같은 의미라고 보아도 무방할 것이다. 다양한 경험과 창업자 본인에 대한 충분한 이해를 바탕으로 가장 바람직한 창업 아이디어를 도출해야 한다.

간호학에만 집중하지 말고 통합적인 학문으로 간호학을 이해하여 주변의 모든 상황들을 창업의 기회로 삼아야 한다. 병원실습을 나가서나 임상에서 근무하면서 보고 느끼는 모든 것들이 창업 아이디어가 될 수 있다. 머릿속에만 두지 말고 바로바로 메모하는 습관도 잊지 않아야 한다. 기록하지 않는 것은 기억에도 없다!

[창업 아이디어란?]

창업 기회는 상품, 서비스 개발을 통해 가치를 창출하는 바람직한 아이디어가 있을 때 얻게 된다.

(2) 창업트렌드 관찰 및 분석

창업의 기회는 여러가지 다양한 요인들에 의해서 영향을 받게 된다. 최근 가장 큰 변화는 전세계를 공포에 몰아넣었던 감염병의 출현 및 빠른 속도로 발전하고 있는 과학기술이라 볼 수 있다. 이미 우리는 사물인터넷과 인공지능, 빅데이터를 기반으로 하는 4차 산업혁명시대에 도래하였으며 이러한 시대 변화에 따른 사업 아이템 선정 및 창업 기회발견으로 이어가야 할 것이다. 그러기 위해서는 간호학에 머물러 있으면 안 된다. 사회, 정치, 경제 분야에 전반적으로 많은 지식과 정보를 습득하여야 한다. 특히, 간호사는 대상자가 정해져 있지 않고 불특정 다수를 상대한다는 것이 특징이기 때문에 직업과 나이를 불문하고 다양한 영역에서 방대한 양의 정보를 받아들일 준비를 해야 한다. 시대의 흐름에 맞게 트렌드를 지속적으로 읽어나가며 분석할 수 있어야 한다.

(3) 창업기회 발견

기회를 발견하기 위한 가장 좋은 접근방법은 트렌드를 관찰하는 것이다. 가장 중요한 트렌드는 경제적 트렌드, 사회적 트렌드, 기술적 진보, 정치적 현상, 정책적 변화 등이다. 창업가는 이러한 트렌드 변화를 예의 주시하면서 트렌드와 유행을 구분하는 것이 중요하다.

새로운 사업은 단기적인 유행을 따르기 보다는 장기적인 트렌드 추세를 파악하여 사업을 구성하고 생각하고 있는 창업 아이템과 트렌드와의 상호 연관성에 대해 깊이 있게 생각하면서 창업의 기회를 발견해야 한다. 간호학도들에게 가장 안타까운 부분 중에 하나가 간호학만 잘 하면 된다는 생각에서 도통 헤어나오질 못한다는 것이다. 환경적 트렌드 변화에 민감하지 못하면 병원에 취업하여 급여를 받아도 자산을 축적하여 부를 이루는 것이 어렵다. 경제적, 사회적, 기술적, 정치적, 정책적 변화에 누구보다 관심을 기울이고 트렌드를 관찰하여 자신만의 창업 기회를 그려보는 것이 실제 사업을 하든 안 하든 매우 의미있는 경험이 될 것이다.

(4) 비즈니스 모델 수립

비즈니스 모델이란 가치를 창조하고 전파하여 어떻게 수익으로 변환시킬 수 있는지를 체계적으로 구상하는 것이라 할 수 있다. 사업은 봉사의 개념이 아니기 때문에 수익구조를 남기지 못하면 성공적인 창업이라고 볼 수 없다. 곧 비즈니스 모델이란 돈을 버는 메커니즘의 핵심을 기술하는 것이며, 비즈니스 모델을 수립할 때는 압축적이고 상세한 내용을 담기보다는 핵심적인 내용을 간략하게 표현해야 한다. 서류 형태로 작성되는 사업계획서와는 다르게 비즈니스 모델은 누구든지 쉽게 기억할 수 있을 정도로 한눈에 정리되는 개념으로 표현되어야 한다.

　새롭게 창업을 한다고 하면, BM Business Model이 무엇인지를 묻는 질문을 받게 될 것이다. 이러한 질문을 받게 되면 주저하지 않고 자신있고 간결하게 자신의 비즈니스 모델을 설명해주어야 하는데 그때 가장 많이 사용되는 것이 아래와 같은 비즈니스 모델 툴이다.

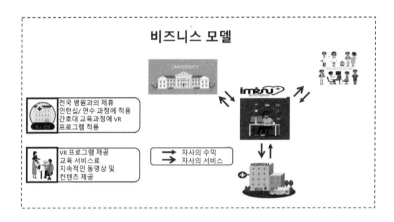

(5) 사업타당성 분석

　사업타당성 분석은 창업자가 창업 성공률을 높이기 위해 창업의 요소 요건을 투입하여 실제로 경영활동을 수행한다고 가정했을 때, 기준을 세운 목표에 도달할 가능성에 대한 여부를 사전에 조사하고 검토하는 것을 의미한다. 사업타당성을 통해 내가 창업하려고 하는 분야와 아이템이 얼마나 적정한지를 우선 평가한 후 실제 사업에 도입해야 성공률이 높아진다. 사업타당성 분석의 과정은 다음과 같은 과정을 거친다.

사업타당성의 분석 방법에는 대표적으로 SWOT 분석과 3C 분석이
있다.

① SWOT 분석이란 기업의 내부환경과 외부환경을 분석하여 강점
Strength / 약점Weakness / 기회Opportunity / 위협Threat 요인을 규정하고
이를 기반으로 경영전략을 수립하는 기법이다.

Strength 강점	Weakness 약점
Opportunity 기회	Threat 위협

② 3C 분석이란 고객Customer / 경쟁사Competitor / 자사Company를 의미
하는 것으로 각 분야별 분석을 통해 마케팅 수립에 대한 백그라운
드 자료를 수집하는 것이다.

3C 분석: 고객 니즈 파악, 경쟁사와의 차별성, 자사 자원의 고려

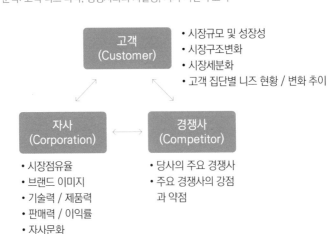

(6) 사업계획서 작성

사업계획서란 창업에 필수적인 요소로서 창업자가 계획하고 있는 사업의 방향성과 향후 성장·발전 가능성을 보여주는 문서라고 할 수 있다. 사업계획서를 통해 창업자는 창업에 대한 성공 가능성, 위험부담, 시장조건 등을 객관적으로 관찰할 수 있는 기회를 찾을 수 있고, 초기 경영전략 수립과 기업가치와 문화를 만들어가는 기준을 세울 수 있다.

사업계획서 작성의 유의사항

하나. 창업하고자 하는 사업 아이템, 경영진과 인력수급계획, 설비투자계획, 생산계획, 판매계획, 수익창출 계획, 조직운영계획, 자금조달 계획, 사업 추진 일정계획 등을 최대한 빠짐없이 상세히 기술하도록 한다.

둘. 내용을 읽는 사람이 한눈에 쉽게 파악할 수 있도록 구체적으로 작성해야 한다.

셋. 사업계획서에서 기술한 내용대로 일을 진행해도 아무런 문제가 발생하지 않을 정도로 현실적이고 실현 가능한 내용으로 구성되어야 한다.

넷. 독창적 기술과 노하우, 도전정신 등 긍정적인 요소가 부각되는 아이템일수록 효과적이다.

다섯. 개인적 이익만을 추구하기 보다는 공익성을 나타내는 것이 유리하다.

여섯. 사업계획서가 누구를 위해 어떤 목적으로 작성되는지 그 용도와 목적에 맞추어 작성한다.

2) 기업가의 개념과 특성

1. 기업가의 개념

사업을 함에 있어 가장 중요한 것은 창업의 주체인 창업자일 것이다. 창업자에게 가장 요구되는 것은 변혁적 리더십, 주인의식, 사명감, 현장에 대한 이해라고 볼 수 있으며, 이 외에도 영업 능력이나 협상력과 같은 비즈니스 스킬 또한 반드시 필요한 요소이다. 최근에는 창업가를 키우기 위한 정부차원에서의 창업교육이 많이 진행되고 있다. 창업을 통해 성공적으로 사업을 키워가며 이끌어가는 사람을 기업가라고 한다.

최근 기업가정신이라는 단어가 많이 쓰이는데 여기서 정신이라는 단어 때문에 기업가가 마인드만 갖추면 되는 것으로 오해할 수 있으나 도전적이고 창의적인 생각만큼 중요한 것이 행동과 실천이다.

> 기업가란?
> 사업을 통해 이익을 얻기 위해 기업가적 프로세스를 시작하고 위험을 감수하는 사람을 의미한다.

[기업가가 갖추어야 할 자질]

2. 기업가의 특성

사업에 뛰어든 대다수의 사람들은 도전정신 때문에 기업가가 되고 싶었다고 한다. 이 외에도 현재보다 나은 삶을 살기 위해 창업에 뛰어들거나 지금보다 더 큰 수익을 얻기 위해 또는 남의 간섭을 받지 않고 일하고 싶은 욕구 등이 바탕이 되어 사업을 시작하게 된다. 또한 기업가는 생산적인 'why'를 질문으로 던질 수 있어야 한다. 일상의 불편함이나 문제를 발견하면 그 이유는 무엇인지 원인을 분석해 가는 'reason why', 즉 어떤 사물과 현상에 궁금증과 해답을 찾아내는 'why'가 있어야 한다.

[기업가의 특성요소]

Where	불확실하고 위험한 상황	도전정신
Who	자신이 주도적으로	리더십
When	기회를 포착·도전하며	도전정신
How	혁신활동을 통해	혁신성
Why	개인적·사회적 편익을 위해	가치지향
What	새로운 가치를 창조	창조성

창업에 있어 갖춰야 하는 기업가의 소양과 자질은 다양하지만, 특히 성공한 스타트업 창업가들에겐 공통된 특징이 있다. 자주 언급되는 특징들은 다음과 같다.

- 새로운 아이디어에 대한 열정
- 인간관계에 있어서 폭이 넓고 깊은 사람
- 상황 변화에 대한 융통성과 유연성
- 포기하지 않는 근성과 낙관적인 태도
- 위기 관리 능력과 근면성
- 기술적, 재무적, 인적자원을 축적하려는 성향
- 변화하는 고객요구를 포착하는 능력

이밖에도 선배 창업가들이나 투자자들이 공통적으로 얘기하는 소양들에는 실행력과 문제해결능력, 정직함 등 다양한 덕목들이 있다. 이처럼 기업가의 특성을 대표할 수 있는 수많은 소양과 덕목들은 다음 키워드로 압축 될 수 있다고 생각한다. 바로 dream, passion, utility, adventure, network다.

- dream: 창업자는 꿈이 없으면 안 된다. 시장에 존재하고 있는 비효율과 문제점을 파악하고 혁신적인 해결책을 적용해야 한다. 단순히 돈을 벌겠다는 것만으로는 부족하다. 내가 가고자 하는 확고한 나침반이 있어야 길을 잃지 않고 사업을 통해 이루고 싶은 꿈을 향해 끝까지 나아갈 수 있다.
- passion: 스타트업은 창업가의 번뜩이는 아이디어만으로는 버틸 수가 없다. 성공한 창업가들은 실패가 일상적이었다. 그들의 몇몇 아이디어가 성공한 것일 뿐 그들은 항상 실패했고, 또다시 도전하는 것을

멈추지 않았다. 이런 도전의 여정을 버텨 낼 수 있는 열정과 끈기가 자신에게 얼마나 내재되어 있는지 한번 스스로를 돌아보는 것이 중요하다.

- utility: 사업을 하다보면 원래 생각과는 다르게 전개되는 상황을 셀 수 없이 마주하게 된다. 중요한 것은 창업자가 이 때마다 상황에 맞게 유연한 변화를 할 수 있어야 한다는 것이다. 그러기 위해서는 새로운 문제 앞에서 배우려는 학습 능력과 자신의 생각만 주장하는 것을 내려놓고 여러가지 방법으로 스마트하게 문제해결을 하는 열린 사고가 반드시 있어야한다.

- adventure: 창업가는 기본적으로 모험을 즐기는 성향을 갖고 있어야 한다. 성공한 창업가들은 모험에 뛰어들기를 주저하지 않고 창업의 과정에서 발생하는 고통과 연난을 즐길 준비가 되어 있어야 한다. 피할 수 없으면 즐기라는 말이 고스란히 적용되어야 한다. 위험과 기회가 함께 도사리고 있는 창업이라는 모험을 기꺼이 감수할 준비가 되어 있다면, 창업가로서 더할 나위 없는 자질을 갖고 있다고 볼 수 있다.

- network: 창업은 일단 실행에 옮기게 되면 그 후의 절반은 결국 네트워크에 의해 크게 좌우된다. 직장생활 때 쌓은 폭넓은 인맥과 네트워크를 활용하면 창업시 문제 해결의 실마리를 보다 쉽게 풀어갈 수 있음은 분명하다. 스타트업 창업은 자금 지원 외에도 인재와 네트워크 연결 등 보이지 않는 조력이 매우 중요하기 때문이다. 이와 함께 과거의 네트워크에만 머무를 것이 아니라 네트워크를 새롭게 확장하고 꾸준히 관리하는 것도 필수적이다. 특별히 다양한 대상자를 고객으로

대해야 하는 간호분야는 세대와 상황에 얽매이지 않고 스타트업 관련 행사나 창업자 모임 등에 발품을 팔면서 꾸준히 인맥을 넓혀 가는 열린 자세가 필요하다. 이러한 태도는 간호창업의 성공 가능성을 높이는 중요한 요소가 될 것이다.

3. 기업가의 특성을 가지고 있는가?

(1) 내향성과 외향성

중요한 결정이나 행동이 객관적 상황에 의해 좌우되는 외향적 태도가 생활의 일정한 패턴을 이루는 것을 외향성(extroversion)이라 한다. 반대로 내향성(introversion)은 조용하고 신중하여 깊이 생각하고 이해한 다음에 행동으로 옮기는 유형을 의미한다. 성격유형과 창업의도와의 관계를 보면 외향적인 성격유형을 가진 사람이 창업에 대해 더욱 적극적임을 알 수 있다. 또한 외향적인 사람이 내향적인 사람에 비해 모험적인 상황에 더 익숙하기에 위험감수성이 높은 사람이 창업의도가 높다는 것을 알 수 있다. 따라서 외향적 성격을 가진 개인은 그렇지 않은 사람들보다 창업에 대해 더 긍정적이고 직접 체험 하고 싶어 하는 경향이 높을것이다. 그러나 외향성만 창업의도에 긍정적 영향을 미치는 것은 아니다. 내향성 또한 다른 메커니즘을 통해 창업의도에 긍정적인 영향을 미친다.

내향적인 사람들은 외향적인 사람들에 비해 적응이 상대적으로 느리나 점차 빠르게 학습이 진행되고, 어려운 과제에 대하여 좀처럼 포기하지 않으며 규칙의 제시 및 소집단 간의 상호작용을 선호하는 경향이 있다. 내향적인 사람이 자신의 창의력과 능력을 최대치로 발휘할 수 있는 업종을 창업하게 되면 성공적으로 창업을 이끌어 낼 수 있다.

(2) 위험을 감수하는 특성

기업가는 위험을 감수하는 특성을 가진다. 나에게 그러한 성향이 있는지 생각해보자! 위험감수성(risk-taking intention)은 위험한 상황에 직면했을 때 위험을 평가절하거나 위험 자체를 편안히 받아들이는 성향을 뜻한다. 즉, 새롭게 급변하는 환경에 맞서 모험정신을 가지고 적극적으로 기회를 추구하고 도전하고자 하는 성향을 의미한다. 기업가는 일반관리자보다 위험감수성 성향이 더 큰 경향이 있다. 즉, 창업한다는 것은 비구조적인 불확실한 상황이므로 위험감수성향이 작은 사람들보다 위험감수성향이 큰 사람들에게 더 적합하다는 의미이다.

(3) 혁신성

기업가는 변신이 아닌 혁신을 추구하는 사람이다. 혁신성(innovativeness)은 새로운 행동방식을 추구하는 개인의 관심과 의지를 의미한다. 혁신은 1934년 슘페터(schumpeter)가 처음 도입한 개념으로 일반적인 활동에서 벗어나 모든 물적, 인적 요소와 힘을 새롭게 합치는 것이라 하며 이것은 경제성장의 발판이 된다고 하였다. 이에 혁신성은 곧 기업가 정신의 원형이라 말할 수 있다. 한국의 벤처기업에 대한 조사에서도 기업가의 혁신성은 경영성과에 직접적인 효과가 있으며, 혁신성과 진취성은 경영자의 주관적 성과에 긍정적인 영향을 미친다는 것을 보여주었다.

(4) 진취성

진취성(proactive personality)은 시장 내 경쟁자에 대해 우월한 성과를 창출하려는 의지와 더불어 시장 내 지위를 변화시키기 위해 적극적으로 도전하는 자세를 의미한다. 진취적 성격이 기업가에게 중요한 이유는 새로운 조직을 설립하고 운영함에 있어서 기업가는 스스로 비전을 가지고 전략적으로 사고하며 환경에 영향을 미쳐야 하기 때문이다. 진취적 성향은 기업과 개인의 기업가적 행동에 긍정적인 영향을 미치는 것으로 나타났다. 많은 수의 사업체를 창업하는 중소기업 경영자들은 그렇지 않은 개인들보다 진취성이 더 높았을 뿐만 아니라, 사업체의 관리자 및 상속자보다 진취적 성향이 더 높았다.

진취성과 창업의도의 연관성에 관한 연구는 국내외적으로 활발히 진행 되어 왔는데, 기업가 정신이 창업의도에 긍정적인 영향이 있다는 연구결과가 다수를 이루고 있다. 진취적인 사람이 새로운 일에 도전하고 자신만의 분야를 개척하는 것에 두려움이 없기 때문이다. 창업을 계획하고 있는 당신은 어떤가? 진취적으로 도전하라!

(5) 성취욕구

성취욕구(desire for accomplishment)는 장애를 극복하고 높은 목표를 이루고자 하는 욕구, 어려운 과제도 포기하지 않고 끝까지 숙달하려는 욕구와 타인과 경쟁하고 이기려는 욕구를 의미한다. 높은 성취 욕구를 가진 사람들은 자신에게 일어난 상황에 스스로 책임지는 성향이 크고, 도전적이고 뚜렷한 목표를 세운다. 또한 예측 가능한 위험을 감수하며 결과에 대해서 기꺼이 책임을 진다. 창업의도가 높은 사람들인 경우 높은 성취욕구를 갖고 있으며 위험을 감수하려는 성향이 크게 나타나고 진로를 고민할 때에도 창업가적 직업을 선택하게끔 만든다.

(6) 자기효능감

자기효능감(self-efficacy)은 특수한 과업을 수행할 수 있는 개인의 능력에 대한 개인적인 믿음을 의미한다. 자신의 능력에 대한 신념과 자신감이 높은 사람일수록 환경 속에서 기회를 포착하여 능동적으로 해결해가려는 강한 의지를 보이며 창업 또한 기회의 한 부분으로 받아들일 수 있다. 개인의 자기효능감은 창업과 관련된 다양한 행동과 의사결정에 중요한 영향을 주며, 창업 프로세스에서 수없이 부딪치는 역경들을 바람직한 방향으로 이끌어 주도록 돕는 요인이 된다. 특히 기업가의 자기효능감은 새로운 창업에 대한 현실적인 실현 가능성을 판단하는 것으로, 자기효능감이 높을수록 구체적인 창업 계획을 세우며 창업활동을 하는 것으로 나타났다. 또한 높은 수준의 자기효능감을 가진 기업가는 창업에 필요한 과업을 익히고 숙달할 수 있다는 강한 신념을 가지고 있기 때문에 창업에 매우 긍정적인 반응을 보인다.

(7) 사회적 네트워크

창업의도에 영향을 주는 또 다른 요인으로 창업을 할 경우 도움을 받을 수 있는 사회적 지원세력이 존재하는가의 유무를 들 수 있다. 창업을 시작하고 유지하는 데 있어서 다양한 인과관계들이 영향을 미치지만 그 중 사회·환경적 측면에서, 기업가 본인이 소유하고 있는 사회적 네트워크는 사업을 발전시키는 데 필연적이다. 사회적 네트워크(social-network)는 통상적으로 '인맥'으로 표현되는 타인과의 유대관계를 나타내고, 사회에서 이루어진 관계로 결합된 집합으로 나타내기도 한다. 사회적 네트워크는 창업관련 연구 분야에서 창업의 성공에 영향을 줄 수 있는 중요한 요소로 인식하고 꾸준히 연구되어 왔다. 사회적 네트워크를 하고자 하는 목적은 일련의 네트워크 과정을 통해 기업의 가치를 높게 하려는 목적이 있다. 또한 강력한 사회적 네트워크는 약한 유대보다 창업의도에 매우 큰 영향을 미친다.

　기업들은 필요한 자본 확보를 위해 그들이 속하는 네트워크의 종류와 규모를 늘리고 활발한 네트워크 활동을 해야한다. 이를 통해 새로운 정보를 수집하고 혁신적 지식과 기술을 익혀 기업이 앞으로 직면할 수 있는 위험을 대처하고 성공의 기회를 증가시킬 수 있다.

4. 성공하는 창업가가 되기 위한 필독서

간호학과를 나와서 마케팅을 전공하는 과정에서 나에게 가장 많은 영향력을 끼친것은 책이었다. 경영을 해 본적도 마케팅에 대해 배워본 적이 없었던 그 때 어림잡아 100권 이상의 경영서적을 읽었다. 내가 읽었던 수 없이 많은 책들 중에서 꼭 경영서적으로 분류되지 않지만 한번쯤은 다른 차원에서 생각해볼 수 있는 책과 창업과 마케팅에 도움이 될 수 있는 책들을 소개하고자 한다.

[생각의 전환을 가져다 줄 수 있는 책]
01. 『내 인생 10년 후』 (신동열/ORNADO/2016)
02. 『생각의 지도』 (리처드 니스벳/김영사/2004)
03. 『할머니는 죽지 않는다』 (공지영/해냄/2017)
04. 『삼성처럼 회의하라』 (김영한 외/청년정신/ 2004)
05. 『백년을 살아보니』 (김형석/덴스토리/2016)
07. 『성공하는 사람들의 7가지 습관』 (스티븐 코비/김영사/2003)
08. 『파타고니아, 파도가 칠 때는 서핑을』 (이본 쉬나드/라이팅하우스/2020)
09. 『돌봄과 철학』 (홍은영/수문사/2016)
10. 『이기는 습관』 (전옥표/쌤앤파커스/2007)
11. 『시크릿』 (론다 번/살림Biz/2007)
12. 『생각의 비밀』 (김승호/황금사자/2015)

[마케팅과 창업에 도움이 되는 책]

01. 『마케팅 불변의 법칙』 (알 리스, 잭 트라우트 공저/십일월출판사/2008)

02. 『마켓 3.0』 (필립 코틀러 저/타임비즈/2010)

03. 『일본전산 이야기』 (김성호 지/쌤앤파커스/2009)

04. 『상도』 (최인호 저/여백미디어/2013/총 3권)

05. 『왜 일하는가』 (이나모리 가즈오 저/서돌/2010)

06. 『스몰 자이언츠』 (보 벌링엄 저/팩커북스/2008)

07. 『장사의 신』 (우노 다카시 저/쌤앤파커스/2012)

08. 『살아남은 것들의 비밀』 (이랑주 저/샘터/2014)

09. 『좋은 기업을 넘어 위대한 기업으로』 (짐콜린스 저/김영사/2002)

10. 『아마존, 세상의 모든 것을 팝니다』 (브랜드 스톤 저/21세기북스/2014)

11. 『이케아, 불편을 판다』 (뤼디거 융블루트 저/미래의창/2013)

12. 『널스브랜딩』 (김명애 저/포널스/2020년)

13. 『포지셔닝』 (잭 트라우트, 알 리스 공저/을유문화사/2002)

14. 『팔지 마라 사게 하라』 (장문정 저/쌤앤파커스/2013)

15. 『구글의 미래』 (토마스 슐츠 저/비즈니스북스/2016)

16. 『딜리버링 해피니스』 (토니 세이 저/북하우스/2010)

17. 『파리에서 도시락을 파는 여자』 (켈리 최 저/다산북스/2017)

18. 『모든 비즈니스는 브랜딩이다』 (홍성태 저/쌤앤파커스/2012)

19. 『라이프스타일을 팔다』 (마스다 모네아키 저/베가북스/2014)

20. 『어떻게 말할 것인가』 (카민 갤로 저/알에이치코리아/2014)

[기업가 정신 셀프 테스트]

1. 개인의 자질

☐ 나는 리더인가?

☐ 나는 자신감이 있나?

☐ 나는 스스로 결정을 내리는가?

☐ 나는 책임을 지는가?

☐ 사업 용도로 개인 재산을 사용할 용의가 있나?

☐ 프로젝트 수행 시 처음부터 끝까지 완료하는가?

☐ 자기비판과 객관적인 사고를 하는가?

☐ 당신의 배우자가 가족 생계를 책임질 수 있는가?

☐ 나는 유연한 사고를 하는가?

☐ 나는 컴퓨터 스킬이 있나?

☐ 나는 경영 서적을 읽나?

☐ 나의 신용등급을 아는가?

2. 회사를 직접 경영하는 것에 대한 마음가짐

☐ 사업 운영에 때로는 긴 시간이 필요하고 개인 소득이 줄어들 수 있다는 것을 아는가?

☐ 사업에 따른 업무 과다와 계속되는 일정 소화를 위한 건강한 육체와 정신을 가지고 있는가?

☐ 사업이 안정화되기까지 어떤 상황에서는 필요하다면 생활 수준이 낮아짐을 감내할 준비가 되어 있는가?

☐ 당신의 가족이 당신을 위해 시간과 재정 등을 지원할 준비가 되어 있는가?

3. 회사 경영에 있어서의 경험과 경영 능력

☐ 나는 사업에 있어 필요한 기본적인 기술을 가지고 있는가?

   → 만약 기본적인 기술이 부족하다면 준비될 때까지 창업의 계획을 지연시킬 의지와 마음의 자세가 있는가?

☐ 경영자로서, 관리자 위치에서 부하 직원들을 이끌었던 경험이 있는가?

☐ 과거에 누군가를 고용하거나 해고했던 경험이 있는가?

□ 준비 중인 사업에 종사해 본 경험이 있는가?

□ 경영을 배운 적이 있는가?

□ 재무 또는 현금 흐름에 대한 이해가 가능한가?

□ 소기업을 운영하는 데 있어 장부 작성 등이 필요하다는 것을 아는가?

□ 마케팅 및 시장 확대에 대해 기본적인 이해가 가능한가?

셀프 테스트 결과 Yes가 3분의 2이상 나왔다면 리스크를 즐기고, 문제 해결을 위해 노력하는 자기 주도적인 사람일 확률이 높다. 이런 사람은 실행력이 높고 창업 소양을 갖추었기 때문에 아이디어와 팀이 있다면 본격적으로 창업을 해도 좋을 것이다.

제 2 장

간호창업과 경영전략

1) 경영전략의 개념과 기업의 목표

1. 경영전략의 개념

경영전략이란 희소한 경영자원을 배분하여 기업에게 경쟁우위를 창출하고 유지시켜 줄 수 있는 중요한 의사결정으로 정의된다. 즉 경쟁 상황에서 어떻게 우리 기업이 경쟁우위를 획득할 수 있는지에 대한 방법론이 경영전략이라 할 수 있다.

2. 전략적 사고

경쟁이 과열화된 현대 사회에서 '전략'은 한 개인의 인생 결정에까지 중요하게 작용한다. 기업가는 기업이 가지고 있는 인력, 자본, 장비, 기술을 가지고 경쟁자와 전쟁하듯이 경쟁하며 다양한 외부 환경 요인에서 자신만의 방식으로 사업을 이끌어가야 하기에 전략이 반드시 필요하다.

3. 기업의 목표

기업의 궁극적인 목표는 "이윤의 극대화"이다. 기업에서 만든 제품과 서비스를 판매하여 수익을 창출하고 이익을 얻기 위한 목적으로 설립된 조직이 기업이며 이를 이루기 위해 매출, 수익, 고객만족, 사회에 대한 기여 등을 경영전략으로 내세워서 목표로 달성하게 된다. 지속적으로 이윤의 극대화를 이루어내기 위해서는 기업에 참여하는 다양한 이해당사자와 주주, 종업원, 고객, 협력업체, 정부까지도 포괄적으로 만족시켜야 한다.

나는 전략적 의사결정을 하고 있는가?

※ 지금 현재의 상황에서 나에 대해 깊이 있게 생각해보고 적어보자. 10년 뒤 다시 이
   책을 펼쳤을 때, '아~ 그때 나는 이랬었지'라며 미소 짓는 나의 모습을 상상해보자.
   내 마음이 가는대로 펜이 쓰여지는대로 자유롭게 써 보라.

Q1 나의 꿈은 무엇인가?

Q2 나의 삶의 철학은?(살아가면서 내가 가장 의미를 두고 있는 것은?)

Q3 5년 뒤 계획은?

Q4 10년 뒤 계획은?

2) 핵심역량과 경영전략 분석

1. 핵심역량이란?

기업의 여러 경영자원 중 경쟁사에 비하여 월등하게 높은 능력으로 타사에서 쉽게 따라할 수 없는 진입장벽이 높은 능력을 의미한다. 즉 경쟁우위를 가져다 주는 기업의 능력을 핵심역량이라 한다.

2. 핵심역량의 특성

1. 핵심역량은 보다 넓고 다양한 시장으로 진출할 수 있는 가능성과 잠재력을 제고한다.
2. 대상자에게 제공되는 최종적인 제품과 서비스에 대해 고객이 느끼는 편리와 신뢰성을 증대시켜 준다.
3. 핵심역량은 경쟁사가 쉽게 따라할 수 없는 모방이 어려운 역량이어야 한다. 타사에서 쉽게 벤치마킹 할 수 있다면 그 제품은 오래가지 못할 가능성이 커진다.

[모방이 어려운 아이폰의 외형 디자인]

3. 핵심역량을 바탕으로 한 경영전략 분석

[핵심역량의 필요성]

1. 핵심역량은 기업 다각화를 이루어가는데 가이드 역할을 할 수 있다.
   - 자신의 사업 분야와 무관한 부문으로 진출하면 성공의 가능성은 대폭 감소
2. 사업 아이템을 직접 제작하는 것과 외부에 아웃소싱을 주는 것에 내한 선택의 근거가 된다.
   - 수행이 가능한 것은 직접 진행하고 단순업무 및 중요도가 낮은 업무는 하청 업체 등에 외주를 주어 시간과 비용을 절감
3. 핵심역량은 전략적 제휴를 효과적으로 운영하는 지침이 된다.
   - 핵심역량을 개발할 때 모든 것을 자사의 기술에만 의존하기는 어렵기 때문에 타사와의 라이센스와 제휴가 필요

[경영전략 분석] – 내가 창업하고자 하는 분야는 어떠한 상태인가?

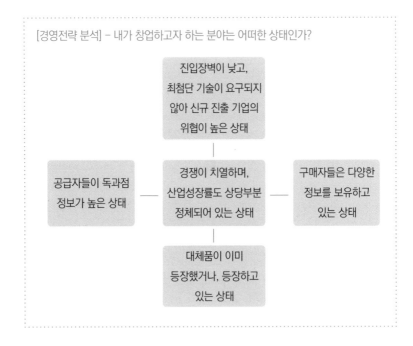

4. 경영전략 SWOT 분석

(1) SWOT 분석의 정의

SWOT 분석은 현재 시장에서의 기업의 위치를 객관적으로 살펴보기 위하여 강점Strengths, 약점Weakness, 기회Opportunities, 위협Threats 요소를 분석하는 방법이다. SWOT 분석 매트릭스를 통한 전략대안의 도출 방법을 정리하면 다음의 표와 같다. SWOT 분석의 목표는 시장을 공략할 전략적 대안을 도출하는 것이기 때문에 기업이 이미 전략대안을 갖고 있는 경우에는 SWOT 분석이 필요하지 않을 수 있다.

내부역량 외부여건	강점(Strength) · · · ·	약점(Weakness) · · · ·
기회(Opportunity) · · · ·	SO(Maxi-Maxi) 전략대안	WO(Mini-Maxi) 전략대안
위협(Threat) · · · ·	ST(Maxi-Mini) 전략대안	WT(Mini-Mini) 전략대안

[SWOT 분석 매트릭스와 전략대안의 도출]

SWOT 분석을 위해서는 가장 먼저 기업의 내부역량인 강점과 약점을 파악하는 것부터 시작해야 한다. 그리고 시장에서 거시적인 환경 및 소비자 트렌드와 니즈를 분석하여 외부적인 기회요인과 위협요인을 찾아내야 한다. 경우에 따라서는 기업의 내부역량인 강점과 약점보다 외부여건인 기회와 위협요인을 먼저 파악하기도 한다.

SWOT 분석을 통해 외부적인 기회와 위협요인, 내부적인 강점과 약점을 좀 더 객관적으로 살펴보고 기업의 현황, 경쟁력, 잠재력을 들여다볼 수 있다. '강점을 활용하여 기회의 이점을 취할 수 있는가?', '어떻게 약점을 줄이거나 없앨 수 있는가?' SWOT 분석의 진정한 가치는 이러한 정보를 모두 모아서 효과적인 전략대안을 도출할 수 있다는 것이다. 전략대안은 크게 네 가지로 생각할 수 있다.

첫째. 강점을 최대화하고 기회를 최대한 살리는 SO Maxi-Maxi 전략

둘째. 약점을 최소화하고 기회를 최대한 살리는 WO Mini-Maxi 전략

셋째. 강점을 최대화하고 위협을 최소화하는 ST Maxi-Mini 전략

넷째. 약점과 위협요인 모두를 최소화하는 WT Mini-Mini 전략

이처럼 SWOT 분석은 기업의 목표와 마케팅 전략을 구체적으로 수립할 수 있도록 돕는 매우 유용한 도구이다.

① 기업은 자신의 제품 혹은 기업이 처한 상황을 종합적으로 분석하기 위해서 SWOT 분석을 적용할 수 있다.

② 기업의 내부상황(강점, 약점)과 외부상황(위협, 기회)을 분석하여 마케팅 믹스에 적용하는 것이 SWOT 분석이다.

(2) 의료기관의 SWOT 분석 구성

내부역량	외부환경
강점(Strength)	**기회(Opportunity)**
• 병원의 명성 • 최고의 의료진 • 최첨단 의료시설과 장비 • 지리적인 접근도의 용이 • 고객관리를 위한 전산시스템 도입	• 국민소득의 증가 • 평균수명의 증가 • 의료수요의 증가 • 의료수요의 고급화 • 민간건강보험의 도입 • 대단위 주거단지의 조성 • 경기회복에 따른 소비심리의 회복
약점(Weakness)	**위협(Threat)**
• 직원들의 불친절 • 경영진에 대한 불만 • 경쟁적 지위의 쇠퇴 • 의사, 간호사, 직원 간의 갈등 • 의료진과 직원들의 높은 이직률 • 복리, 후생, 임금상승으로 수익률 악화	• 경기침체 • 낮은 보험수가 • 의료시장 개방 • 정부의 통제 및 규제 • 병원 노사분규의 확산 • 새로운 경쟁자의 등장 • 국민의식수준의 향상에 따른 불만 및 관심의 증가

(3) 외부환경 분석

[보건복지부, 'OECD 보건통계' 분석]

▲ 건강수준

기대수명이 10년 전과 비교해서 3.3년 증가하였고 회피가능사망률은 OECD 평균보다 낮은 수준으로 나타났다.

자살사망률은 OECD 국가 중 가장 높지만, 10년 전에 비교해서 9.6명(인구 10만 명당) 감소하였다.

▲ 건강 위험요인

2020년 15세 이상 인구의 매일 흡연율과 주류 소비량은 OECD 평균과 비슷한 수준을 보였고, 지난 10년 동안을 보면 감소 추세였으며 반대로 과체중 및 비만 인구 비율은 증가 추세를 보였다.

▲ 보건의료자원

2020년 OECD 평균과 비교해서 임상 의사, 간호 인력(간호사, 간호조무사) 등의 인적 자원은 적고, 병상, 의료장비(MRI, CT 스캐너) 등 물적 자원은 많은 편에 속했다. 특히, 의사(전문의)의 임금소득은 OECD 국가 평균에 비해서 높은 편이었다.

▲ 보건의료이용

국민 1인당 의사 외래 진료 횟수는 14.7회로 OECD 국가 중 최상위였으며 입원환자 1인당 평균 재원일수(19.1일)는 OECD 평균(8.3일)의 2.3배 이상이었다.

GDP 대비 경상 의료비 지출 규모는 8.4%로 OECD 평균(9.7%)에 비해 낮지만, 빠른 속도로 증가하는 모습을 보이고 있다.

▲ 장기요양

장기요양 수급자 비율은 OECD 국가 평균에 비교해서 적지만, 급속한 고령화의 영향으로 빠르게 증가하고 있으며 노인장기요양보험제도의 강화에 따라 인력과 시설 등 장기요양서비스 제공 기반(인프라)이 계속적으로 확충되고 있다.

□본 자료는 2022년 7월 7일 기준의 OECD 보건통계를 바탕으로 작성된 것임

간호인력(간호사, 간호조무사)의 경우 인구 1,000명당 7.2명으로 OECD 평균 9.4명보다 다소 낮은 수준으로 나타났다. 전체 간호 인력 중 간호사만 놓고 보면 인구 1,000명당 4.2명으로 OECD 평균 (7.9명)보다 훨씬 낮은 수치를 보였다.

[간호 인력 (2019)]

(단위: 명/인구 1,000명)

	독일	영국	일본	한국	캐나다	멕시코	OECD 평균
간호인력 전체	14.0	8.2	11.8	**7.9**	10.0	2.9	**9.4**
간호사	11.8	6.6	9.4	**4.2**	7.1	1.7	**7.9**

주: 일본은 2018년 수치

다음 표에서 볼 수 있듯이 의료영역에서 활동하는 간호인력의 수는 OECD 평균보다 많이 낮았지만 간호대학 졸업자의 수는 그렇지 않다.

[간호대학 졸업자수 (2019)]

(단위: 명/인구 10만 명)

	독일	프랑스	일본	한국	미국	멕시코	OECD 평균
간호대학 졸업자수	43.9	40.4	46.1	**40.5**	51.4	15.5	**31.9**

주: 프랑스, 멕시코는 2018년 수치

우리나라 간호대학 졸업자는 인구 10만 명당 40.5명으로 OECD 평균(31.9명)보다 더 높은 수치를 보였다. 독일의 경우는 인구 10만 명당 간호대학 졸업자 수가 43.9명으로 한국과 비슷한 수준이지만 인구 1,000명당 간호사의 수는 11.8명으로 한국의 4.2명과 비교했을 때 3배 정도 많았다. 일본도 간호대학 졸업자는 인구 10만 명당 46.1명으로 우리와 비슷한 수준이지만 인구 1,000명당 간호사의 수는 9.4명으로 2배 이상 많게 나타났다.

이와 같은 결과는 한국의 의료기관에서 나타나고 있는 만성적인 간호인력난이 간호대에서 배출하는 정원의 부족때문이 아님을 의미한다.

지속적으로 간호대 정원을 확대시키는 정책을 펼치고 있지만 의료현장에서 활동하는 간호사가 늘지 않는 이유는 무엇일까? 교육부 취업통계에 따르면 간호학과 졸업자의 취업률은 85% 이상으로 졸업 후 면허를 취득한 신규 간호사의 취업률은 높지만 간호사 평균 근무년수는 5.4년에 불과했다. 간호계의 간호인력 수급 불균형 문제를 근본적으로 해결하기 위해서는 간호대 정원확대 이외에 간호 관련 수가체계 개편과 병원 재직 간호사의 근무환경 개선 등의 정책 도입이 시급하다고 본다. 또한 간호실무 경력이 쌓일 수록 많은 보상과 전문성을 바탕으로하는 자율성이 주어져야 한다. 간호경험을 바탕으로 창업의 기회도 더욱 많이 확대되어야 한다. 병원에 있어야 하는 명확한 이유와 존재의 필요성을 스스로 알게 되면, 간호 경험을 바탕으로 창업을 구상할 수 있을 것이다. 또한 병원 경력을 본인의 핵심역량으로 최대한 키우는 기회로 삼으며 10년, 20년 뒤 어떠한 환경에서든 전문가로 성장한 자신 모습을 그린다면 더욱 당당하고 전문적인 모습으로 환자의 곁을 지킬 수 있을 것이다.

나에 대해 SWOT 분석해보기

Q1 나의 강점은?

Q2 나의 단점은?

Q3 나를 둘러싼 기회요소는?

Q4 나를 위협하는 요인은?

제 3 장

간호창업과 마케팅

1) 마케팅의 개념과 환경

현대 경영의 구루라고 불리우는 피터 드러커Peter Drucker는 "사업의 목적은 고객을 창출하는 것이다. 따라서 기업 경영의 기본적인 기능은 단 두 가지, 마케팅과 혁신이다. 마케팅과 혁신은 결과를 만들어내지만 다른 활동들은 모두 비용을 만들 뿐이다"라고 이야기한 바 있다. 이 말은 마케팅의 중요성을 가장 극명하게 설명한다. 이것이 바로 기업이 사활을 걸고 마케팅에 전력해야 하는 이유이다.

다시 설명하면, 기업은 혁신을 통해 제품을 생산하고, 이 제품을 소비자들에게 알리고, 소비자들로 하여금 구매 선택을 이끌어내기 위해서 마케팅을 해야 한다. 만일 마케팅을 하지 않는다면, 기업은 엄청난 노력과 투자의 결과로 생산한 좋은 제품을 소비자들에게 알릴 수 없고, 궁극적으로는 사업의 목적인 수익을 창출하지 못하게 된다. 소비자들이 제품을 구입하지 않으면 그 제품을 생산하는 기업의 존재 자체도 무의미해진다. 즉, 마케팅이 없다면 기업은 존재할 수 없는 것이다. 따라서 기업은 전사적인 차원에서 효과적인 마케팅 전략을 기획하고 추진하여 소비자와 대면하고 그들의 구매욕을 자극해야 한다.

1. 간호사에게 마케팅이 필요한 이유는?

마케팅은 우리의 일상생활에서 매우 빈번하게 사용되는 용어 가운데 하나이다. 유심히 살펴보지 않아도 우리 주위에서 마케팅이라는 단어는 쉽게 찾아볼 수 있다. 실제로 이미지 마케팅, 향기 마케팅, 스포츠 마케팅, 한류 마케팅, 정치 마케팅, 의료 마케팅 등 과거에는 마케팅과 어울리지 않을 것 같은 분야에도 적지 않게 사용되고 있음을 볼 수 있다.

그럼에도 불구하고 유독 간호영역에서는 마케팅의 개념이 정확하게 이해되지 못하고 있는 듯 하다. "마케팅이란 무엇인가?"라는 질문에 대하여 대부분 제품의 광고나 홍보, 그리고 영업이나 판매 등을 떠올린다. 그러나 이것은 마케팅의 일부일 뿐 마케팅의 전부는 아니다.

간호에도 마케팅이 필요하다. 스스로의 영역에 대해 기획하고 간호사 자신만의 브랜드를 갖기 위한 마케팅이 반드시 필요하다. 이처럼 중요한 마케팅의 개념이 무엇이고 마케팅을 구성하는 요소들은 어떤 것이 있는지 구체적으로 살펴보도록 하겠다.

2. 마케팅의 정의

마케팅은 시장market이란 단어에 진행형인 'ing'를 합성한 단어로 움직이는 시장이란 뜻을 가지고 있다. 마케팅 분야의 유명한 학자인 필립 코틀러P. Kotler는 마케팅을 개인이나 집단이 제품과 가치 있는 것을 창출하고 이를 타인들과 교환함으로써 자신들이 가진 욕구와 욕망의 획득을 목적으로 하는 하나의 사회적·관리적 교환 과정이라고 하였다.

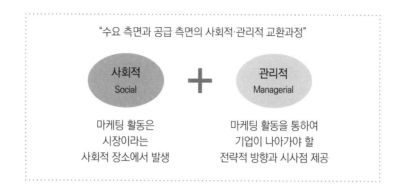

"수요 측면과 공급 측면의 사회적·관리적 교환과정"

사회적 Social **+** **관리적** Managerial

마케팅 활동은
시장이라는
사회적 장소에서 발생

마케팅 활동을 통하여
기업이 나아가야 할
전략적 방향과 시사점 제공

3. 마케팅의 주요 개념들

고객 만족을 실현하기 위해서는 고객이 지니고 있는 필요needs와 욕구wants를 파악하여 이를 충족시키는 일이 무엇보다도 중요하다.

[구매과정]

필요 need → 욕구 wants → 수요 demand

특정상표에 대한 욕구   구매력

(1) 필요

필요needs란 기본적 욕구를 충족시킬 수 있는 구체적인 것에 대한 바람이며 충족 방식이 각기 다르다. 필요는 현재의 상태를 유지하기 위하여 없어서는 안 될 것들을 말한다. 생필품, 식품과 음료수, 의약품, 교육용품 등이 필요 제품(need goods)에 포함된다.

(2) 욕구

욕구wants란 어떤 기본적인 만족이 결핍됨을 느끼는 상태로, 필요 이상의 모든 것을 가리키며, 없어도 되지만 그것이 있음으로 해서 삶의 질이 향상될 수 있는 것들을 말한다. 욕구 제품(want goods)의 예로는 사치품이나 호화용품, 유명 브랜드 제품 등을 들 수 있다.

필요 제품과 욕구 제품의 분류는 고정적인 것이 아니며 그 제품이 구매되고 사용되는 상황에 따라 달라진다. 예를 들면 많은 사람들에게 점심식사는 에너지와 칼로리를 제공하는 필요 제품이다. 그러나 비만으로 칼로리 섭취가 필요하지 않은 사람도 점심이라는 제품이 제공하는 다른 효과와 이익을 즐기기 위하여 고급 레스토랑을 찾을 수 있다. 즉, 레스토랑의 좋은 분위기나 친구와의 만남의 시간을 위해 점심식사를 즐길 수 있는 것이다. 따라서, 기업은 공급 측면의 입장에서 어떤 고객이 어떤 상황에서 제품을 구매하고 소비하는가를 이해해야 하며, 고객이 가지고 있는 필요와 욕구를 올바로 이해했을 때 성공적인 마케팅 전략의 수립이 가능해진다.

필요 needs	VS	욕구 wants
현재의 상태를 유지하기 위하여 없어서는 안될 것들		없어도 되지만 있음으로 삶의 질이 향상 될 수 있는 것들

고객이 지닌 필요와 욕구는
제품/서비스가 구매되고 사용되는 상황에 따라 달라진다

(3) 수요

제품을 구입할 능력과 의지에 의해서 뒷받침되는 제품에 대한 필요이며 구매력이 뒷받침될 때 수요가 창출된다.

(4) 상품

재화, 서비스 및 아이디어 등으로 구성된 유형, 무형의 것으로 소비자의 1·2차 욕구인 필요를 충족시켜 줄 수 있는 관심의 대상이 된다.

(5) 교환

누군가로부터 바람직한 것을 얻어내고 무엇인가를 제공하는 것을 의미한다. 이러한 수요 측면과 공급 측면의 교환과정의 내용은 다음과 같다. 수요 측면(고객)은 공급 측면(기업)에게 가격을 통하여 매출액과 이윤을 제공하고 공급 측면은 수요 측면에 제품과 서비스를 통해서 고객 만족(customer satisfaction)을 제공한다. 이것이 바로 마케팅 교환이다. 여기에서 중요한 사실은 공급 측면이 수요 측면에게 제공하는 것은 제품과 서비스가 아니라 고객 만족이라는 점이다. 제품과 서비스는 고객 만족을 실현하기 위한 수단에 불과한 것이며 그 목적은 아니다. 그러므로 제품과 서비스를 제공하는 목적은 고객 만족의 실현(achievement)뿐만 아니라 극대화(maximization)가 중요하다. 왜냐하면 고객의 욕구란 주어진 것에 만족하지 않고 끊임없이 증가하는 특성을 가지고 있기 때문이다. 즉, 마케팅은 고객 만족의 극대화라는 부단하고 지속적인 노력을 가리킨다.

교환과정으로서의 마케팅은 단지 기업과 같은 영리조직에만 적용되는 것이 아니다. 교환과정으로서의 마케팅은 의료기관을 비롯하여, 교육기관이나 종교단체 등의 비영리기관에도 적용될 수 있는 것이다. 이처럼 교환과정으로서의 마케팅이 영리기관과 비영리기관에 적용될 수 있는 만큼 마케팅의 대상 또한 다양하다. 제품과 서비스는 물론이고 오늘날 마케팅의 대상이 될 수 없는 것은 존재하지 않는다. 우리가 만나는 모든 대상은 나의 고객이 될 수 있다. 특별히 간호의 대상은 환자라고만 생각하는 경향이 있는데 절대 아니다. 간호 영역의 고객은 건강회복을 필요로하는 환자 뿐만 아니라 건강증진이 필요한 모든 사람, 곧 질병을 가지고 있지 않은 전국민 나아가 전인류가 대상이 될 수 있다.

마케팅 교환에서 제품과 서비스 제공의 목적은
고객만족의 실현과 극대화

(6) 시장

인간의 욕구와 필요를 충족시키려는 실제적 또는 잠재적인 구매자들의 집합이다.

2) 마케팅 전략의 필요성과 실행기법

대부분의 기업들은 마케팅 활동을 업무의 중요성이 아니라 업무의 양으로 평가하는 경향이 있다. 그래서 마케팅 전략(혹은 기획)을 담당하는 인력은 극소수로 두고, 이에 반하여 실행을 담당하는 인력은 영업 및 지원 부서를 포함해 많은 인력들을 두고 있는 것이 일반적이다. 그러나 비록 전략을 담당하는 인력이 적다고 해도 전략만 제대로 수립된다면 실행 과정에서 겪어야 할 수많은 시행착오를 사전에 방지하거나 줄일 수 있다. 그리고 이것은 반드시 성과로 이어지게 되어 있다.

우리가 마케팅 업무를 하면서 자주 사용하는 '전략'이라는 단어는 사실 전쟁에서 유래된 것이다. 전쟁에서 이기기 위해서는 가장 먼저 전략을 잘 수립하고 전략에 따라 적절하게 전술을 실행해야 한다. 피 튀기는 전쟁은 아니지만 마케터들도 매일 비즈니스 현장에서 전쟁을 치른다. 이 전쟁에서 승리하기 위해서는 가장 먼저 제대로 된 마케팅 전략을 수립하고 이를 바탕으로 전술을 구상하고, 또 실행에 옮겨야 할 것이다.

1. 마케팅 활동의 핵심은 무엇인가

브랜드brand와 상표는 같은 뜻으로 사용되기도 하지만 엄밀하게 말하면 다른 단어이다. 일반적으로 상표는 등록상표trade mark를 말한다. 그러나 브랜드는 이러한 등록상표의 의미와 함께 네임, 심볼, 로고, 서체, 캐릭터 등을 포함하며 상징적인 의미를 함축하고 있다. 오늘날 브랜드는 기업의 특정 제품이나 서비스를 경쟁사의 제품이나 서비스와 구별하기 위한 목적으로 사용된다. 이처럼 타사 제품과 구별될 뿐만 아니라 여기에 가치가 더해질 때 그 브랜드는 기업의 소중한 자산으로 발전하게 된다.

즉, 기업은 브랜드의 가치를 제고하여 고객에게는 부가적인 상징과 편익을, 그리고 기업에게는 장기적인 이익을 가져다줄 수 있는 브랜드 자산을 구축할 수 있다.

브랜드는 제품을 구분하는 단순한 식별 기능뿐만이 아니라 소비자의 기억 속에 유·무형의 형태로 존재하면서 소비자의 각종 구매행동에 결정적인 영향을 미치는 역할을 한다.

2. 의료현장에서의 마케팅 개념

(1) 의료서비스 마케팅의 특징

- 노동집약적·전문적·개별적인 서비스이다.
- 공공의 책임을 지기 때문에 사회적으로 많은 규제를 받는다.
- 병원은 관리와 의료라는 이원화 구조로 분리되어 있어서 운영상에 갈등이 발생한다.
- 의료서비스는 환자를 대상으로 서비스를 제공하고 서비스에 대한 보상은 제3자 지불단체가 한다.
- 의료서비스를 소비하기 전까지는 그 결과에 대해 알 수 없고 소비 후에도 그 질을 평가하기가 어렵다.

(2) 간호서비스 마케팅의 정의

서비스 동기가 이윤 동기보다 더 큰 의미를 갖고 수요자가 적정 간호서비스를 받을 수 있도록 하기 위한 활동이다. 간호제공자는 효과적인 간호서비스를 이용하도록 간호의 가치관과 전문성을 발휘하여 서로 간의 만족을 도모하는 계획적인 활동을 의미한다. 서비스 제공자와 소비자와의 목표충족이 가능한 교환을 창출하기 위한 과정이다. 의료 및 간호서비스 마케팅은 소비자 중심적인 특징을 갖는다.

3. 마케팅 실행기법

(1) 생산 개념

생산 개념의 마케팅은 가장 초기에 등장하는 마케팅 개념으로 볼 수 있다.

- 수요가 공급보다 많을 때 적용 되는 가장 초기의 마케팅 개념으로 대량생산을 통한 규모의 경제를 실현할 수 있다.

[생산개념으로서의 사례 – 헨리 포드의 T 자동차(검은색으로 일괄 생산)]

(2) 제품개념

고객이 추구하는 가치보다는 제품 자체의 품질에 더 많은 비중을 두기 때문에 결과적으로 마케팅 마이오피아의 위험에 빠질 수 있다.

• 품질의 개선, 새로운 기능의 추가, 성능의 향상이 마케팅의 핵심

• 제품의 공급이 기업에 의해 결정되며 다양한 제품을 생산하여 고객이 제품을 선택하는 것이 가능하다.

마케팅 마이오피아(Marketing Myopia)

근시안적인 마케팅의 개념으로 고객이 진짜로 원하는 것을 파악하지 못한다는 것을 의미하며, 먼 미래를 예상하지 못하고 바로 앞에 닥친 상황만 고려한 마케팅을 이르는 말이다.

[GM 자동차 – 여러 종류의 차를 생산하여 고객이 제품을 선택]

(3) 판매개념

제품의 품질이 더 이상 차별적 경쟁 우위가 될 수 없는 상황에 적용된다.

• 대규모의 촉진 활동을 통해서 매출을 증가시키려는 노력을 의미하며 백과사전, 보험상품, 선거 등의 사례가 해당된다.

(4) 마케팅 지향성

마케팅은 고객 만족의 실현과 극대화를 그 주된 목적으로 삼는다.

마케팅 지향성은 고객의 범위에 따라 다음과 같이 나눌 수 있다.

① 고객지향성

- 고객의 입장에서 시작하고 고객의 입장에서 끝맺음
- 기업의 목표는 자사의 고객 만족에 있음

② 사회지향성

- 자사의 제품 및 서비스 이용 고객, 사회 전체가 고객에 해당
- 기업의 목표는 개인 고객의 만족을 넘어 사회 복지 실현임

③ 관계지향성

- 고객을 기업 의사결정에 적극적으로 참여하는 파트너로 인식
- 기업과 고객의 관계는 승승의 관계win-win relationship

④ 환경지향성

- 우리가 살고 있는 환경 자체가 기업의 고객이라는 관섬
- 환경친화적인 자재나 공정을 사용하는 노력이 포함

(5) 마케팅 믹스 및 마케팅 기능

① 마케팅 믹스의 정의

- 마케팅 믹스marketing mix란?

  기업이 고객 만족을 실현하고 극대화하기 위하여 사용하는 전략적 변수를 마케팅 믹스라고 부른다.

- 마케팅 믹스의 구성 및 특징은?

  마케팅 믹스는 제품product, 가격price, 촉진promotion, 유통place 또는 physical distribution을 포함하며, 네 가지 전략 변수가 모두 P로 시작하기 때문에 4P라고 한다.

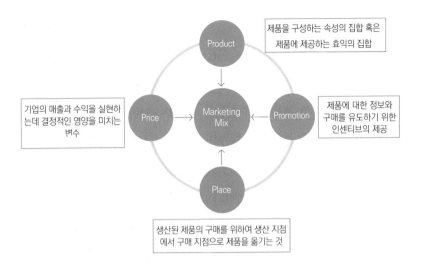

② 4P의 특징

- 제품: 마케팅 믹스 중에서 가장 중요하며 가장 근본이 되는 것이다. 만약 제품이 없다면 다른 세 가지의 믹스에 대한 결정은 필요하지 않기 때문이다.

- 가격: 가격은 기업이 매출과 수익을 실현하는데 결정적인 영향을 미친다. 가격결정에서 가장 중요한 점은 고객이 지각하는 가치value이다. 고객이 지각하는 가치가 가격보다 클 때 고객은 제품을 구매할 확률이 높아진다.

- 촉진: 제품에 대한 정보와 구매를 유도하기 위한 인센티브를 제공한다. 촉진 전략을 위해서는 광고, 판매촉진, 인적판매, 그리고 PRpublic relations의 네 가지 요소를 사용하는데 이들을 촉진 믹스promotion mix라고 부른다. 촉진 활동의 목적은 고객에게 유용한 정보와 사용기회를 제공함으로써 고객이 현명한 구매의사결정을 내릴 수 있도록 지원하는데 있다.

• 유통: 생산된 제품의 구매를 위하여 생산 지점에서 구매 지점으로 제품을 물리적으로 옮기는 것을 말한다. 유통에서의 주요한 의사결정은 유통경로의 디자인, 유통경로 구성원들의 갈등관리 등을 포함한다.

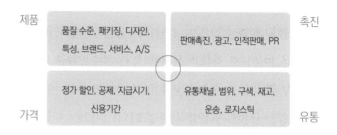

③ 간호서비스 마케팅 믹스 전략

시장의 변화를 단순히 따라가거나 필요 시 대응하는 정도로는 너 이상 시장에서 지배력을 가질 수 없게 되었다. 시장의 변화에 전략적으로 대응하여 시장을 선도할 수 있어야만 경쟁력과 지배력을 유지할 수 있게 된 것이다. 따라서 마케터는 장기적으로는 소비자들의 마음을 사로잡고 미래 시장을 장악하기 위해 전략적으로 사고하고, 전략적으로 마케팅을 전개해야 한다. 전략적 사고의 핵심은 어떤 문제에 대해 미리 생각하는 것이다. 즉, 앞으로 무슨 일이 일어날 것인지, 우리가 가진 역량, 자원, 가능성이 무엇인지, 그리고 가지고 있는 자원을 토대로 무엇을 해야 할지에 대해 고민하는 것을 말한다. 전략적 사고를 위해서는 네 가지가 필요하다.

첫째. 하나의 의사결정이 어떤 결과를 초래할 것인지 미리 예측하고, 이를 거꾸로 분석하여 어떤 선택을 할 것인지 결정할 수 있어야 한다.

둘째. 경쟁우위 요소를 잘 파악해야 한다.

셋째. 취약점을 잘 분별해야 한다.

넷째. 이러한 종합적인 분석 결과를 토대로 소비자들의 인식 속에 차별적인 위치를 확보해야 한다. 그러나 이러한 전략적인 사고는 타고나는 것도 아니고, 노력한다고 해서 하루아침에 할 수 있는 것도 아니다. 전략적으로 사고하기 위해서는 논리적 사고와 창의적 사고 능력을 기르고자 부단히 노력해야 한다.

　마케팅에서 가장 중요한 능력 중의 하나인 통찰력은 이러한 과정을 통해 축적된 지식의 결과물이라고 할 수 있다. 창의적 사고는 체계적인 학습이나 훈련보다는 고정관념을 깨거나 엉뚱한 상상을 통해 발현되는 경우가 많다. 상상력은 하나의 새롭거나 기발한 아이디어를 생산해내는 능력이라고도 할 수 있는데, 이는 연결성이 약한 것처럼 보이는 두 가지 이상의 것들을 서로 연결해보는 과정을 통해 얻을 수 있다. 마케팅의 시작은 새로운 아이디어, 즉 상상력에서 출발한다고 해도 과언이 아니다. 경험에 상상력이 더해지면 직관력이 생긴다. 경영 활동에서 직관력은 매우 중요한 능력 중 하나이다. 특히 의사결정권자의 직관력은 한 기업의 운명을 좌우할 정도로 매우 중요하다. 이를 정리하면 다음 그림과 같다.

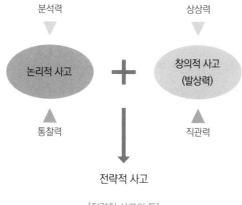

[전략적 사고의 틀]

A. 제품(Product) 전략

❶ 간호서비스에서의 제품 전략은 간호서비스 자체를 의미하며 질과 양으로 구성된다. 의료서비스의 개선과 특수 클리닉 개설에 따른 간호서비스 개발 등이 포함된다.

❷ 의료기관의 서비스 구분

• 입원서비스, 외래서비스, 건강증진서비스로 제품을 구분하여 기존 간호서비스를 향상시킬 부문과 개발할 부문, 새로운 간호서비스 개발부문을 각각 확인해야 한다.

• 기존 간호서비스 향상: 간호의 질 평가와 보장을 통한 관리를 활용하여 간호단위별, 단계별로 체계적이고 지속적으로 진행·평가하도록 한다.

❸ 간호서비스 개발

• 최근 질병 추세와 관련된 간호서비스의 정형화: 만성 퇴행성 질환, 노인질환 간호, 호스피스 간호, 치매노인을 위한 안전간호, 노인요양보호시설의 간호표준화 등

- 의료기관 내의 일반환자를 위한 서비스: 안전간호, 감염간호, 응급환자 간호 등

- 일반인의 건강유지·증진을 위한 서비스: 종합건강검진센터, 운동처방 및 재활센터, 유전상담센터, 학교보건 간호표준화 모델 등

- 특수 클리닉 개설에 따른 간호서비스 개발: 심장병센터, 암센터, 재활센터, 노인병센터, 당일 수술병동, 주간치료관리센터, 호스피스센터 등

- 전문화된 간호서비스 개발: 가정전문간호, 호스피스간호, 임상전문간호사와 같은 전문간호사 활용모델, AIDS간호, 통증관리센터 등

- 기타 서비스: 재난간호, 퇴원 후 가정간호연계 프로그램, 영유아 간호표준화 모델, 자살예방 간호 모델 등

B. 가격(Price) 전략

❶ 간호서비스에서 가격은 서비스를 이용하거나 소비하기 위해 소비자가 지불해야 하는 금액에 대한 가치이다.

❷ 현재 우리나라는 간호수가가 적용되기는 하지만 전국민의료보험제도로 인한 정부의 통제로 질 높은 간호서비스가 제공되고 있음에도 불구하고 실질적인 가격의 차별화는 이루어지지 않고 있다.

❸ 가격전략의 실제

- 경제적이고 합리적인 적정 보험수가 책정

- 새로운 간호수가체계의 개발

- 가치비용 분석을 통한 기존 수가 조정 전략(가치비용분석)

구분		전체	의료기관 간호업무 총 경력 5년 이내	의료기관 간호업무 총 경력 5~10년
전체		3,623	3,030	3,469
의료기관	상급종합병원	4,188	3,470	4,081
	종합병원	3,359	2,790	3,148
	병원	2,962	2,748	3,019

[의료기관특성별 의료기관 간호업무 총 경력에 따른 간호사 평균 연봉 수준]

구분	발령 당해 연도 연봉	발령 시 근무 경력
299 병상 이하	4,920	18.7
300~599 병상	4,934	19.3
600~899 병상	5,549	20.6
900~1,199 병상	6,347	21.0
1,200~1,499 병상	7,041	21.5
1,500~1,799 병상	7,769	20.0
1,800~2,099 병상	8,079	18.0
2,100 병상 이상	8,021	17.5
평균	5,881	20.1

[병상 수 별 수간호사 발령 당해 연도 연봉 및 경력]

C. 유통(Place) 전략

유통이란 서비스가 생산자로부터 소비자에게 안전하고 무난히 전달되도록 지원해주는 활동으로 주로 고객의 편리를 추구하는 접근성과 관련된 개념이다.

❶ 물리적 접근성의 제고

• 제공되는 장소의 편의성을 강조

- 원격진료시스템, 가정간호서비스, 통원수술, 인터넷을 통한 환자상담 등

❷ 서비스 전달체계의 다원화
- 간호서비스를 병원만이 아닌 지역 및 가정으로까지 확대
- 자가간호를 위한 스마트 어플리케이션 적용, 지역사회 간호서비스센터 운영, 전화나 인터넷을 이용한 건강 및 간호상담 등

❸ 정보적 접근성
- 전문적인 수준을 갖춘 간호인력을 확보하여 상담이나 설명, 조언 등을 편리하고 수준 높게 제공
- 전화상담·설명·조언 등 대응하는 간호사의 전문성 수준

❹ 시간적 접근성
- 원하는 시간에 언제든 편리하게 서비스를 제공
- 병원예약, 대기시간, 진료시간의 연장, 야간진료 등의 시간을 줄여주는 것

D. 촉진(Promotion) 전략

❶ 촉진전략의 의미

촉진은 간호조직과 간호표적시장 양자 간에 간호서비스와 관련된 모든 정보에 관하여 적절히 의사소통하는 것이다. 일반적으로 마케팅에서 많이 사용되는 촉진 전략으로는 광고, 홍보, 인적 접촉, 판매촉진, 구서 등이 있으나 간호서비스는 비영리적 성격으로 인해 일방적인 광고나 홍보 등을 사용할 수 없다.
- 간호사 개개인의 전문적인 지식과 기술, 책임감 있는 행동 및 간호사의 외형적 모습, 태도 등을 통하여 고객접점 시 소비자 만족을 증대시

킬 수 있는 전문적인 이미지 강화

- 다양한 건강관리 프로그램에 대한 안내서, 소책자 발간

- 사회봉사적 차원의 간호활동에 대한 홍보를 통한 이미지 향상으로 간호서비스에 대한 수요를 자극

- 병원홍보·광고: 병원보, 의료신문, 안내서, 소책자, 게시판, 강연회, 사회활동, 방송출연, 건강교실, 개원광고, 이전광고, 신의료기술 및 설비광고, 신의료설비광고

- 병원인적판매: 인적접촉을 위한 노약자와 중환자를 위한 왕진

❷ 촉진전략의 기능

- 가시화된 간호서비스의 가치에 관련된 정보전달 및 인식

- 간호서비스의 가치인정 및 간호수가 형성을 위한 유인책으로 기여

- 전문적 이미지 제고 및 향상(친절, 책임감, 전문적인 인상)

- 바람직한 포지셔닝 달성

- 간호서비스에 대한 수요자극 및 창출

④ 전략적 마케팅 프레임

마케팅에서도 숲과 나무를 함께 볼 수 있는 프레임이 있다. 바로 '전략적 마케팅 프레임'이다. 이는 마케팅의 기본 프레임으로, 시대가 급변해도 거의 유일하게 변하지 않는 마케팅 원리이다. 코카콜라, P&G, 인텔, 삼성전자, 아모레퍼시픽 등의 기업들은 이런 전략적 마케팅 프레임을 근간으로 경영을 해온 기업들이다. 물론 프레임은 같을지라도 담겨지는 내용은 제각각이다. 왜냐하면 마케팅에서 가장 중요한 요소 중의 하나가 차별화이기 때문이다.

전략적 마케팅 프레임은 마케팅의 비전, 목표, 전략, 전술, 수단으로 이루어진다. 이를 정리하면 아래 그림과 같다.

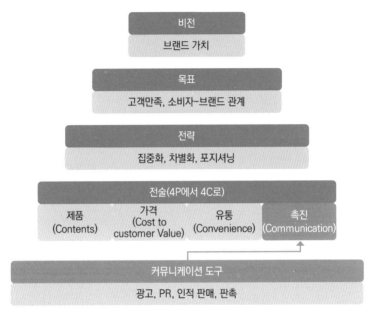

[전략적 마케팅 프레임]

제 4 장

글로벌헬스케어와 창업의 기회

1) 글로벌헬스케어 트렌드

1. 글로벌헬스케어 주요 이슈

21세기는 전 세계적으로 고령화, 도시화, 이동성 등이 심화되면서 헬스케어 산업 환경도 급격한 변화를 거듭하고 있다. 글로벌 평균 수명은 2021년 74.1세로 증가되었으며, 65세 이상 인구는 6억 5,600만 명을 넘어 전체 인구의 11.5%에 이를 것으로 관측되어 인구 고령화를 지나 고령사회에 도래했음을 알 수 있다. 급속한 도시화와 과로, 스트레스, 오래 앉아 일하는 생활양식 및 서구식 식생활로 인한 비만 증가 등의 여파로 만성질환은 기하급수적으로 증가하는 추세이다.

이런 다양한 원인으로 인해 전 세계 당뇨병 환자는 현재 4억 1,500만 명에서 2040년 6억 2,200만 명으로 증가할 것으로 예상되고 있으며, 3초마다 1명의 치매 환자가 전 세계적으로 발생하면서 현재 치매 환자는 5,000만 명을 넘어섰고, 향후 20년마다 2배로 늘어날 것으로 전망된다. 또한 도시화 및 인구 이동성의 확대로 MERS, COVID-19 등과 같은 새로운 글로벌 전염병 발생하여 향후 감염전문가의 활동이 다방면에서 필요한 시기가 도래하였다.

이러한 변화에 따른 헬스케어 관련 예산 수립과 지출이 국가마다 급증하면서 공공 및 개인의 의료비 부담을 줄이기 위한 다양한 노력의 필요성이 대두되고 있다.

공공부문에서는 의료보험 개혁을 통해 과도한 예산 지출을 줄이고 한정된 재원을 보다 많은 사람들에게 분배할 수 있도록 정책을 수립해야 한다. 민간 부문에서는 빅데이터 분석, 인공지능, AR·VR, 3D 프린팅, 블록체인 등 첨단기술의 적용을 통해 의료 서비스 제공 방식을 다변화함으로써 효과성 및 효율성 개선을 추진해야 한다.

우리나라도 고령화 등으로 인한 국민 의료비가 크게 증가함에 따라 헬스케어 산업 전반의 효율성 및 효과성을 개선함으로써 향후 정부와 개인의 부담을 줄여갈 필요성이 제기되고 있다. 고령화 등에 따른 우리나라 국민의료비 지출은 지속적으로 증가할 전망이므로 이에 대한 대책과 헬스케어 관련 공공지출의 효율적 관리 및 서비스의 질적 개선이 시급한 상황이다.

전세계적으로 급변하는 환경에 대응하기 위해서는 헬스케어 분야에서 발생하는 이슈를 선제적으로 검토하고 정책의 방향성을 정립하는 것이 중요하다.

2. 글로벌헬스케어 거시환경

거시환경은 인구통계적 환경, 문화적 환경, 사회적 환경, 경제적 환경, 정치·법률적 환경, 기술적 환경으로 구성되며, 기업의 경영 활동을 둘러싼 거시환경의 변화는 기업에게 기회 혹은 위협을 제공하게 된다.

(1) 인구 통계적 환경

인구 통계적 환경이란 현재 시장에서의 출생률과 사망률을 통한 인구 증가율, 연령 분포, 직업, 소득 수준, 성비 등을 의미한다. 인구 통계적 환경을 통한 변화는 기업에게 새로운 시장 기회를 제공하고 기존 시장에서의 경영활동을 위축하기도 한다.

(2) 문화적 환경

주어진 표적시장의 문화적 환경은 기업의 마케팅 활동에 커다란 영향을 미친다. 문화적 환경은 해당 시장에 있는 고객들이 수용하고 답습하는 규범과 가치관을 제공하기 때문에 기업 활동 자체에 매우 중요한 영향을 미치게 된다.

(3) 사회적 환경

사회적 환경은 고객들의 가치관의 변화, 의식의 변화 또는 라이프스타일의 변화 등을 의미하며 이러한 현상을 때로는 사회적 추세social trend라고도 한다. 예를 들어 소득의 증가로 인한 건강에 대한 관심은 각종 보험의 확대 실지와 병원을 찾는 환자 수의 증가로 이어지고 있는 것 등이다.

최근에는 싱글족의 증가로 인해 독특한 라이프스타일과 소비 성향을 보이고 있으며 이로 인해 1인용 가전제품, 아침밥 배달 서비스, 1인용 와인, 오피스텔 등이 성행하고 있다.

(4) 경제적 환경

경제적 환경도 기업의 마케팅 활동에 중요한 영향을 미치는 거시환경의 하나이다. 경제적 환경이란 인플레이션, 환율, 실업률, 호경기 혹은 불경기 등의 경제주기, 주가지수 등을 포함한다.

(5) 정치·법률적 환경

정치·법률적 환경은 기업의 경영 활동에 제도적인 규제를 함으로써 상당한 영향을 미치게 된다. 기업의 법률적 환경의 변화는 기업활동에 제약요인이 되거나 촉진요인이 될 수 있다. 사회적 현상을 반영하여 정부에서 새로운 법률을 제정하기도 하고, 이는 기업에게 새로운 기회가 될 수 있다.

(6) 기술적 환경

현대 시장에서 기술력은 중요한 경쟁력이다. 따라서 기업들은 기술적 환경 변화에 관심을 가지고 이를 지켜보아야 한다. 기술적 환경의 변화는 새로운 시장을 만들거나 기존의 제품을 무용지물로 만들어 소멸시킬 수도 있다.

• 의료기술의 발달: 반사경의 소멸 vs 초음파, 레이저 등의 등장
• 정보통신 기술의 발달: 데이터베이스 마케팅database marketing 가능

내가 태어나고 자라온 곳의 환경은 어떤가요?

Q1 인구 통계적 환경

Q2 문화적 환경

Q3 사회/경제적 환경

2) 헬스케어 기술 기반 글로벌경영

1. 의료개혁 – 가치 기반 지불 모델로의 전환 확산

운영 효율성, 신기술 사용, 인구집단 건강관리 및 웰니스 증진을 위한 개혁 정책 및 프로그램을 통해 헬스케어는 규모에서 가치에 기반을 둔 지불 모델로 전환되고 있는 추세이다. 각 나라별 의료개혁 정책 내용은 다음과 같다.

- 미국은 헬스케어 전문가가 위험 부담이 있는 조정된 헬스케어 모델에 참여하도록 하고 전통적 행위별 수가제 시스템으로부터 벗어날 수 있도록 재정적 인센티브를 제공하고 있다.
- 일본 정부는 헬스케어, 장기요양 보호, 주거 및 생활 지원 서비스를 일체화한 '통합 지역사회 보호 시스템Integrated Community Care System'을 구축하여 노인들이 병원이 아닌 거주 지역에서 지속적으로 양질의 서비스를 받을 수 있도록 지원하고 있다.
- 싱가포르 정부는 양질의 의료서비스와 보다 나은 가치를 제공하기 위해 병원을 넘어선 지역사회로의 이동, 품질을 넘어선 가치로의 이동, 헬스케어에서 건강으로의 이동 등 '3가지를 넘어선' 변화에 대한 의료개혁과 함께 4개 분야의 생산성 향상 프로젝트를 추진하고 있다.
- 영국 정부는 국민건강서비스National Health Service, NHS를 통해 환자 스스로 건강 및 진료에 보다 적극적으로 참여할 수 있도록 권한을 부여하는 동시에 NHS 직원이 보건업무를 보다 효율적으로 수행할 수 있도록 서비스를 지원하고 있다.

2. 환자 경험 – 디지털 채널을 통한 환자 경험 강화

병원은 고객 솔루션, 환자 포털, 개인 맞춤형 디지털 정보 키트 및 셀프 체크인 키오스크Self-check-in kiosks 등 옴니 채널방식으로 환자의 의료서비스 접근을 지원하는 시스템을 적용하고 있다. 의료서비스 공급자와 소비자의 상호작용을 향상시키는 디지털 채널 및 도구로는 소셜 미디어, 원격진료, 가상·증강현실 등이 있다.

• 소셜 미디어는 헬스케어 가치사슬에 다양한 데이터 소스를 제공해 이전보다 훨씬 효율적으로 실시간으로 환자 체험 및 인구집단 건강 추세를 효율적으로 추적할 수 있도록 지원할 수 있다.

• 원격진료는 보다 편리한 진료 방법을 제공하면서 환자의 병원·진료소 방문을 줄이고 이동 시간 단축을 유용하게 해준다.

• 가상·증강현실은 위험이 적은 가상 방식으로 환자 참여를 증진시키는 데 유용하며 인위적으로 생성된 감각적 체험을 통해 환자가 보다 안전하고 편리하게, 또한 접근하기 쉬운 방식으로 신속한 행동 변화를 유발한다.

이러한 치료 모델은 자가간호능력 및 셀프케어를 증가시키는 가운데 합병증으로 인한 위험 및 긴급 상황 발생으로 인한 응급실 방문률을 낮추고 있다. 향후 디지털 기술은 환자들에게 의료 정보와 지원에 실시간으로 접근할 수 있도록 함으로써 환자 경험을 향상시킬 전망이다. 예를 들어, 환자에게 AI가 탑재된 가상 의료 보조원을 배치하고 음성 활성화 시스템을 가동할 경우, 이 가상 의료 보조원은 진단, 예상되는 회복 시기, 약물 투약 일정에 관한 환자의 일상적 질문에 대답할 수 있을 것이다. 또한 특정 질문에 대해서는 전문가에게 직접 전달하는 역할을 하며 환자의 병력, 검사 결과, 상담 시간, 약속 일정 및 유사한 진단을 받은 다른 환자에 대한 데이터까지 저장할 수도 있을 전망이다. 이러한 AI 기술을 통해 취합된 정보는 환자와 그 가족에게도 접근이 허용될 수 있을 것으로 예측하고 있다.

3. 스마트병원 – 병원의 IoT 도입 증가

원격임상 모니터링, 만성 질환 관리, 예방 치료, 노년층 보조, 생활 및 건강 상태 모니터링에서 사물인터넷(IoT, IoMT으로도 통용) 적용은 가치가 있음이 입증되었고 IoT 적용을 통한 비용절감과, 효율성 개선 및 양질의 치료가 가능해졌다. 병원의 IoT 솔루션을 통한 자산 추적 및 재고 관리 시스템은 현재보다 2배 많이 구축될 예정이며, 환자 안전성, 직원 만족도 및 운영 효율성을 향상시킬 전망이다.

- 의료서비스 재정의: 의사결정, 지속적 임상 모니터링, 표적치료(예: 수술용 3D 프린팅) 및 소형 휴대용 장치 사용을 가능케 하는 중앙 집중식 디지털 센터가 급성환자 전문병원의 특징이 될 전망
- 디지털 환자 체험: 디지털 및 AI 기술은 즉각적 상호 작용과 원활한 프로세스로 환자의 체험을 향상시킬 것으로 예상
- 인력 자기개발: 로봇 프로세스 자동화 및 AI를 사용하면 요양보호사들이 간호 서비스를 제공하고 문서처리 시간을 단축하며 자기개발 및 학습을 할 수 있게 지원할 것으로 예측
- 기술을 통한 운영 효율성: 디지털 공급망, 자동화, 로봇 및 차세대 상호 운용성은 운영 관리 및 후선조직 효율성을 제공
- 치유 및 복지 설계: 치유 체험의 중요성에 중점을 둔 환자 및 직원 복지는 향후 병원 설계에서 중요할 요소가 될 전망

운영 효율성과 임상 결과를 향상시키기 위해 현재 또는 가까운 장래에 수많은 병원에 디지털 솔루션이 구현될 것으로 예측되고 있다. 병원은 원격 환자 모니터링, 원격진료, 고급 분석 및 웨어러블을 통해 환자 체험의 품질과 성과를 향상시켜 환자와 더욱 완벽하게 소통할 전망이며 금융, 공급망, 인적 자원 및 수익 주기에 대한 다양한 후선조직 기능은 로봇 공학, 고급 분석, 센서 및 자동화를 통해 비용 효율성을 높일 것으로 관측하고 있다.

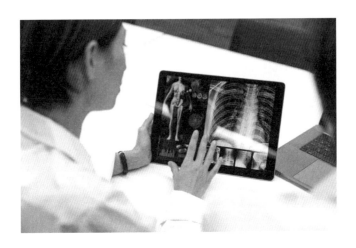

4. 디지털 헬스케어

모바일헬스, 무선 헬스, 커넥티드 헬스 등 디지털 헬스케어 기술은 보다 나은 진단 및 개인화된 치료 도구에 대한 필요성 증가에 대처할 수 있는 솔루션을 제공하고 정부, 보건 시스템 및 보험사들로 하여금 보다 많은 데이터를 수집, 분석 및 저장할 수 있도록 지원하고 있다. 이를 바탕으로 의료서비스 산업에는 비용절감, 접근성 증대 및 효율적 관리 개선을 위한 기술 투자가 급증하는 추세이다.

기하급수적 기술 진보는 전 세계적으로 의료서비스를 저렴하고 효율적이며 접근성이 용이하도록 도움을 제공하고 있으며, 디지털 헬스케어 확산으로 의료서비스 업체는 행정 업무를 보다 쉽고 편리하게 수행할 수 있게 되었고 환자는 온라인으로 의료비를 지불하고 이메일이나 문자로 진료 예약을 확인할 수 있을 전망이다.

5. 헬스케어 분야에서의 로봇·인공지능·블록체인 적용 확산

(1) 헬스케어 로봇

　노인 환자의 재활을 돕고 의료 지원 종사자 부족도 해소하면서 헬스케어 분야를 지원하는 로보틱스Robotics는 앞으로도 계속 높은 성장세를 기록할 전망이다. 2025년까지 외과수술의 80%가 로봇으로 수행될 전망이며 디지털 기술, 로봇 및 기타 사동화 도구는 현재 및 미래의 보건의료 인력의 문제점을 해결할 수 있는 막대한 잠재력도 보유하고 있다.

가정용 로봇 '파페로(Papero)'

(2) 인공지능

헬스케어 분야에서의 AI 기술은 모멘텀을 얻고 있으며 검사실, 지원부서, 공급망에 이르기까지 업계를 크게 변화시킬 전망이다.

AI는 아직 의료기관의 지원부서와 공급망에서 가상 의사나 로봇 요양보호사만큼의 주목을 받지는 못하고 있지만 헬스케어 업계를 재편할 잠재력은 입증이 된 상태이다. AI와 기계학습은 인간 상호작용을 대체 내지 보완하고 있으며 특히 반복적 업무를 개선하여 처리하는 것이 가능하게 되었다.

의료서비스 업체는 AI를 활용해 일상적 병리학이나 방사선학 결과를 신속정확하게 분석하고 보다 많은 환자를 진료하게 되면서 높은 수익을 창출할 수 있으며, 건강과 사회 복지 모든 분야, 특히 응급의료 및 노인의료 분야에서 요양전문인력 부족이 심화되고 있어 AI 기술을 활용해 인간과 기계가 상호 협력하면 미래 인력 부족을 대체하거나 새로운 미래 노동력을 형성할 수 있을 것으로 전망한다.

6. 사이버 위협

(1) 공동 의료 시스템의 사이버 범죄 표적 가능성 증대

인터넷으로 연결된 의료기기는 환자 관리, 의료 기록, 의료비 청구 등 병원 업무에서 공동 의료 시스템을 보유하는 것 같은 의미가 있으나 사이버 범죄의 표적이 될 가능성도 거론되고 있다.

헬스케어는 금융에 이어 두 번째로 사이버 공격이 많은 분야로, 특히 병원은 해커들이 파일에 접근해 암호화한 후 풀어주는 대가로 가상화폐 지불을 요구하는 워너크라이WannaCry 같은 소위 '랜섬웨어'의 표적 대상이 되고 있다. 이처럼 병원은 개인정보보호 방안을 마련하고 연결된 의료기기의 해킹 방지, 환자 안전, 사기 방지, 사이버 위협 등에 대한 헬스케어 정책 및 복잡한 규정에 대한 대응이 필요한 상황이다.

(2) 환자의 독립성에 따른 사이버 위협 확대

환자가 자신의 건강에 보다 적극적으로 관여해 의료기관과 독립적으로 움직임에 따라 비효율적 데이터 관리 등으로 인한 사이버 위협이 더욱 커질 것으로 예측되고 있다.

환자 스스로 자신의 건강에 보다 적극적으로 관여할 수 있도록 하려면 소프트웨어 응용 프로그램, 기기 등을 활용, 비전통적 환경(예: 자택)에서 공공 및 민간 의료서비스에 접근할 가능성이 높아질 것으로 본다. 그러나 병원, 건강보험, 생명과학 업체들 간의 사이버 위험 관리에 대한 인식이 부족하고 교육이 미흡한 것이 현실이다.

비효율적 데이터 관리, 컴플라이언스 문제 및 사이버 위험은 종종 인간, 프로세스 및 기술에 대한 체계적 투자가 미진할 경우 발생되고 있으며 이에 따라 사이버 공격에 대비한 투자 증가에도 불구하고 헬스케어 분야를 겨냥한 사이버 공격은 계속 될 전망이다.

[컴플라이언스란?]

컴플라이언스는 기업경영이 법령, 규정, 윤리 또는 사회통념에 맞도록 하는 내부통제 장치이다. 내부요인이나 외부자극으로부터 기업을 보호하면서 구성원이 내부통제를 따르게 하여 리스크에 노출되지 않도록 하는 것을 의미한다.

(3)코로나 19 팬데믹 이후 사이버보안 공격 사례

코로나19 팬데믹 이후, 사이버보안 공격 사례도 함께 늘어나고 있는 것으로 나타나고 있다. 코로나 사태의 이슈와 관련된 피싱 메일 유포로부터 기업 내 네트워크에 불법으로 침입하여 악성코드를 유포하는 행위 등과 같이 많은 사례가 발생하고 있어 이에 따른 대비 필요성이 증대되고 있다. 코로나19의 영향으로 사이버공격 목표가 개인 및 중소기업에서 주요 기업, 정부 및 중요 인프라로 이동되었으며, 특히, 조직과 기업이 재택근무 직원을 지원하기 위해 원격 시스템과 네트워크를 신속하게 배포함에 따라 해커들은 데이터를 도용하고 수익을 창출하며 업무 중단을 유발할 수 있는 보안 취약성을 적극 활용하고 있으며, 민간 기업 중 한 곳에서 4개월 동안(1~4월) 스팸메시지 907,000건, 악성코드 관련 사건 737건, 코로나19 관련 악성 URL이 48,000건 이상 탐지되었다.

특히, 최근 사회적 거리두기 운동으로 비대면 소비, 재택근무, 온라인수업이 증가하면서 온라인쇼핑·영상회의 등 이른바 "언택트 (Untact)" 경제와 관련되어 인터넷, 모바일뱅킹 등 비대면 거래가

증가하는 상황에서 국민들의 불안감을 악용한 해커들의 이메일, 문자 발송 등 다양한 유형의 사이버공격의 우려가 제기되고 있다.

사이버 공격은 특정 개인이나 조직이 타 개인이나 조직의 정보 시스템 보안을 침해하려는 악의적이고 의도적인 시도를 의미하며, 공격자는 보통 피해자 네트워크를 중단시켜 일종의 이익을 취하려고 한다.

제 5 장

간호창업 영역 분석

1) 간호창업 STP전략

STP전략이란? 시장세분화, 표적시장, 포지셔닝의 세 가지를 의미한다. 조직이 가지고 있는 경영상의 한계를 고려하여 다른 모든 조직과 경쟁하기보다는 시장을 세분화market segmentation하여 이 중에서 가장 유리하다고 생각되는 시장을 선택하고 이를 표적시장targeting으로 삼고 자신의 모든 능력을 투입하여 유리한 위치positioning를 차지하고자 계획하는 것을 STP전략이라고 한다.

(1) 시장세분화(market segmentation)

소비자의 욕구를 분석하여 비슷한 성향을 지닌 사람들의 집단을 다른 성향의 사람들의 집단과 분리하고 하나의 집단으로 묶어가는 과정을 시장세분화라고 한다.

① 시장세분화의 필요성

시장을 작게 쪼개는 것뿐만이 아니라 비어있는 시장 또는 소외된 잠재시장을 찾는 것도 시장세분화를 통해서 가능하다. 그렇다면 이러한 시장세분화가 대체 왜 필요한 것인지 그 이유를 알아보자.

첫째. 소비자들의 욕구는 너무나 다양해서 전체의 욕구를 하나로 규정하고, 또 그것을 해결해준다는 것이 불가능하기 때문이다.

시장은 소비자들의 집합체이고, 개별 소비자는 다양한 욕구의 결집체라고 할 수 있다. 소비자들은 저마다 각기 다른 욕구와 그를 충족하기 위한 행동방식을 가지고 있다. 이 같은 소비자들의 다양한 욕구만큼이나 제품에 대한 요구사항과 구매 방식이나 습관도 제각각 다르다. 따라서 기업이 소비자들의 개별적인 욕구를 만족시키기 위해서는 소비자별로 특화된 맞춤형 제품을 제공해주어야 한다. 그러나 이렇게 할 경우, 기업은 투자 비용이나 기대했던 만큼의 이익을 얻지 못할 가능성이 크다. 하지만 특정 욕구와 그것을 충족하기 위한 행동방식이 어느 정도 유사한 집단은 분명 존재한다. 그리하여 기업은 비슷한 성향을 가지는 소비자 집단을 묶어서 이들의 욕구를 충족시켜줄 수 있는 제품을 만들어 투자 대비 효과를 높일 수 있도록 시장을 세분화하는 것이다.

둘째. 기업 경영 자원의 한계를 극복하기 위해서다.

기업이 모든 시장에 참여할 수 있는 역량을 갖고 있다면 굳이 시장을 세분화할 필요가 없다. 그러나 기업이 전사적인 역량을 활용해 마케팅 부문에 모든 자원을 동원한다는 것은 어려운 일이기도 하고, 또 위험성도 크다. 따라서 가장 적합하다고 생각되는 세분 집단에 집중함으로써 보다 효율적으로 자원을 사용하여 좀 더 좋은 성과를 얻기 위해 시장을 세분화할 필요가 있다.

셋째. 경쟁우위를 확보하기 위해서다.

시장에는 항상 경쟁자가 존재한다. 좀 더 큰 시장에 진출한다면 경쟁자도 더욱 많아지고, 싸움도 어려워지기 마련이다. 만에 하나 경쟁자에게 우리 기업의 약점이라도 노출된다면 집중 공격을 받다가 시장에서 사라지게 될 수도 있다. 기업의 시상 확대는 필연적으로 이런 문제를 가지고 있다. 그리고 전체 시장을 대상으로 하는 마케팅은 더 많은 약점을 경쟁자에게 공개하게 될 가능성이 높다. 따라서 이를 극복할 수 있는 바법은 특정 세분시장에 집중하여 경쟁자가 감히 넘볼 수 없도록 방어벽을 높게 쌓는 것이다. 이러한 방법 중 하나가 바로 시장세분화이다.

넷째. 기업의 사업 포트폴리오 전략 차원에서 필요하기 때문이다.

일반적으로 전략은 선택과 집중 사이에서 하나를 선택해야 하는 '결정'을 요구한다. 그로 인해 어떤 부분을 포기하게 될 때도 생긴다. 모든 사업에 다 뛰어들 수는 없으므로 어떤 영역은 버려야 하는 것이다. 이때 시장세분화는 다양한 선택사항들 중에서 포기해야 할 것들을 가려내는 데 유용한 도구로 사용된다. 때로는 여러 가지 중에서 최선의 하나를 선택하는 것보다 하나씩 버려나가는 것이 더 쉬울 수 있다.

따라서 마케터는 유사성을 가진 세분시장의 요구에 맞는 제품과 서비스를 개발하여 보다 효과적으로 마케팅 목표를 달성할 수 있도록 해야 한다. 시장을 세분화하면 수익의 증대, 시장에 대한 통찰력 획득, 새로운 사업 기회의 포착, 브랜드 간의 충돌 방지, 전략적 혁신의 모색 등 추가적인 이점들이 많다. 그러나 이것은 시장세분화가 필요한 이유라기보다는 시장세분화를 통해 추가적으로 얻게 되는 효과라고 할 수 있다.

시장세분화는 각 세분시장에 따른 고객의 니즈를 가장 잘 충족시켜줄 수 있는 차별적인 마케팅믹스를 개발할 수 있도록 돕는 검증된 마케팅 전략이다. 더불어 신시장을 창출할 수 있는 가장 좋은 방법이다.

② 시장선호성에 따른 시장세분화의 분포형태

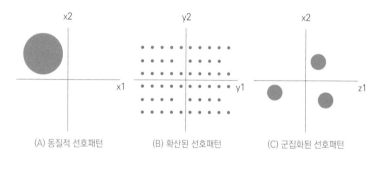

(A) 동질적 선호패턴   (B) 확산된 선호패턴   (C) 군집화된 선호패턴

[시장 선호패턴]

A. 동질적 선호패턴

- 모든 잠재고객이 이상적이라고 생각하는 "원하는 바"가 유사한 모습을 보여주는 것이다. 이러한 모습을 동질적 선호패턴homogeneous preference pattern이라 한다.

B. 확산된 선호패턴

- "원하는 바"가 매우 상이한 모습을 보여주는 것이다. 이러한 모습을 확산된 선호패턴diffused preference pattern이라 한다.

C. 군집화된 선호패턴

- 이상적으로 생각하는 "원하는 바"가 몇 개의 군집을 형성하는 것이다. 이러

한 모습을 군집화된 선호패턴clustered preference pattern이라 하며 차별화 마케팅으로 볼 수 있다.

③ 시장세분화에 따른 마케팅

대량 마케팅	세분화 마케팅	틈새 시장 마케팅	미시 마케팅
Mass marketing	Segment marketing	Niche marketing	Micro marketing

A. 대량 마케팅(mass marketing)

하나의 제품 혹은 하나의 마케팅 프로그램을 제공함으로써 전체 시장을 공략하는 전략으로 세분화를 실행하지 않는 경우를 의미하며 대량생산, 규모의 경제, 경험 곡선의 효과를 통한 원가 절감과 저가격 제공으로써 경쟁우위 확보하는 것이다. 대량 마케팅은 코카콜라, 펩시, 맥도날드와 같이 동일한 제품을 가지고 전세계적으로 유사한 광고 캠페인을 하는 것을 예로 들 수 있다.

B. 세분화 마케팅(segment marketing)

시장세분화를 실행하고 그 세분 시장 중에서 하나 혹은 그 이상의 세분 시장을 선정하여 공략하는 전략으로 기업이 세분화 마케팅을 실시할 때는 기업의 자원과 노력을 선정된 세분 시장에 집중하는 것이 필요하다. 또한, 세분시장 선정의 개수는 기업의 자원과 역량, 사업 목표에 따라 다르다.

C. 틈새 시장 마케팅(niche marketing)

세분화 마케팅의 특수한 경우로서 단 하나의 세분 시장(틈새 시장)만을 공략하는 전략으로 틈새시장은 시장의 크기가 매우 작고 고객층이 얇다. 시장 내에서의 경쟁이 치열하지 않으며 하나하나의 제품이 높은 수익성 제공하면서 고가격 전략premium pricing을 구사할 수 있다.

D. 미시 마케팅(micro marketing)

세분화의 수준이 가장 높아서 전체 시장에 있는 고객의 수만큼 많은 세분 시장이 존재하는 것을 의미하며 각 세분 시장은 단 한 명의 고객만을 포함하는 전략이다. 각각의 세분 시장(고객)에게 극도로 개인화된 마케팅과 프로그램을 제공하여 개별 고객의 특수한 필요와 욕구를 충족시키는 마케팅이다. 개인 마케팅의 예로는 맞춤 양복이나 철저한 주문 제작제를 시행하는 롤스로이스 자동차 등을 들 수 있다.

[맞춤 제작하는 고급 자동차]

④ 시장세분화의 기준

시장세분화를 위한 효과적인 기준은 하나로 규정 지을 수가 없다. 기업들은 시장을 세분화할 수 있는 다양한 기준들을 고려하여 시장 구조를 가장 잘 나타내는 세분화 기준을 선택할 필요가 있다. 시장세분화에 사용되는 변수는 매우 다양하지만, 보편적으로 개인적 특성과 제품 관련 특성으로 크게 구분할 수 있다.

A. 개인적 특성

❶ 나이(age)와 생애주기(life-cycle stage)

- 나이에 따라 소비자의 필요와 욕구, 구매형태가 다양하게 나타난다. 신혼기, 장년기, 노년기 등의 생애주기 단계에 따라 구매형태는 상이하게 나타난다.
- 고정관념과 틀에 박힌 사고 혹은 편견에서 오는 오류에 주의해야 하며, 같은 연령층이라고 해서 똑같은 필요나 욕구를 가지고 똑같은 구매나 소비행동을 보이는 것은 아니라는 점을 주의해야 한다.

❷ 성별(gender)

- 성별은 소비자의 나이와 함께 세분화의 기준으로 가장 많이 사용된다.
- 성별에 따른 세분화는 사회적 변화에 의해 많은 영향을 받는다. 화장품의 경우 과거에는 여성들이 주고객이었으나 최근에는 남성 화장품의 수요 증가로 다양한 제품이 출시되고 있다.
- 소비자들의 구매행동도 사회적 변화에 많은 영향을 받게 된다. 예를 들어 요즘에는 남녀 공용 의류가 보편화되고 있어 성별에 따른 소비자 욕구에 차이를 보이지 않는 경향이 두드러진다.
- 남녀 평등 사상과 여권 신장 운동으로 여성의 사회적 참여가 많아짐에 따라 실질적인 구매의사결정이 있는 여성에게 큰 영향을 미치고 있다.

❸ 소득(income)

- 소득은 소비자의 구매력을 나타내는 변수로서 소비자의 욕구나 구매행동에 직접적인 영향을 미치는 중요한 특성이다.

B. 지리적 특성(geographic characteristics)

- 소비자들이 거주하는 지역을 중심으로 시장을 세분화하는 것으로 기업은 자사 제품의 판매가 유리한 지역에 대해서 마케팅 활동을 전개할 수도 있고 혹은 각 지역에 따른 상이한 소비자의 요구를 파악하여 그에 맞는 마케팅 전략을 구사하기도 한다.
- 지역적으로 떨어져 있어도 기후 환경이나 생활 습관 혹은 문화적 특성 등에

대한 차이가 없는 경우에는 일반적으로 지리적 특성만을 고려하여 시장을 세분화하는 것은 때때로 위험하다.

C. 사회계층(social position)

- 교육 수준, 직업, 그리고 소득에 의해서 결정되는, 동일한 행동 패턴을 보이는 사람들의 집단을 의미한다. 소비자들은 자신과 같은 사회계층에 속한 다른 소비자들의 구매패턴에 영향을 받으며, 동일한 사회계층에 속한 소비자들의 구매 및 소비 행동은 유사하게 나타난다.

사회계층(Social Position)

※ 아래의 그림은 스스로 생각하는 자신의 사회계층을 표시할 수 있도록 고안된 사회계층사다리이다.

Q1 현재 나는 아래 사다리 그림에서 어디에 위치한다고 생각하는가? 그 이유는?

Q2 간호사는 아래 사다리 그림에서 어디에 위치한다고 생각하는가? 그 이유는?

- ☐ ⑩ (최상층)
- ☐ ⑨
- ☐ ⑧
- ☐ ⑦
- ☐ ⑥
- ☐ ⑤
- ☐ ④
- ☐ ③
- ☐ ②
- ☐ ① (최하층)

D. 심리적 특성

❶ 라이프스타일(life style)

- 라이프스타일은 일반적으로 개인의 활동activities, 관심interest, 의견 opinion의 집합을 의미한다.

- 라이프스타일을 세분화 기준으로 사용할 때 인구통계적 특성을 함께 측정하는 것이 일반적이다.

- 특정 라이프스타일을 지닌 소비자들의 인구 통계적 특성이 마케팅 전략의 수립에 매우 유용한 정보를 제공하기 때문이다.

❷ 개성(personality)

- 개인의 독특한 심리적 특성으로써 어떤 대상에 대하여 비교적 일관성 있고 지속적으로 반응하는 행동패턴을 의미한다.

- 소비자들은 각자 독특한 개성을 가지고 있으며, 많은 경우 자신의 개성과 부합되는 이미지를 가진 브랜드를 선호하게 된다.

- 예를 들어 담배, 화장품, 보험 같은 제품들은 소비자들의 독특한 개성에 따라 시장을 세분화하고, 표적 고객들의 성격에 부합하는 제품을 출시함으로써 성공을 거둔 경우가 많다.

E. 제품 관련 소비자 특성

❶ 제품의 사용 상황

- 소비자가 특정 제품으로부터 추구하는 편익은 제품을 사용하거나 소비하는 상황에 따라 달라진다.
- 소비자들이 언제 제품 구매에 대한 생각을 떠올리는지, 언제 구매를 하고 언제 구입한 제품을 사용하는지에 따라 몇 개의 집단으로 구분이 가능하다.

❷ 추구편익

- 편익 세분화benefits segmentation는 소비자가 추구하는 편익을 기준으로 시장을 세분화하는 것을 말한다.
- 소비자들은 제품을 구매할 때 그 제품이 제공하는 편익benefits을 얻기를 원한다.

❸ 제품의 사용량

- 소비자들은 제품 사용량에 따라서 대량사용자heavy users, 중량사용자 medium users, 소량사용자light users로 구분하게 된다.

- 대량사용자는 적은 수의 소비자가 많은 양의 제품을 사용하는 것을 의미한다.

- 20:80의 법칙이란 20%의 고객(수요 측면)이 80%의 물량(공급 측면)을 소비한다는 것으로 20%의 고객을 자사의 고객으로 유치하면 80%의 시장 점유율이 자동적으로 획득됨을 나타낸다.

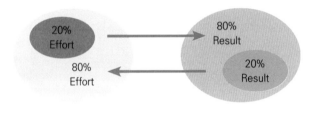

[파레토의 20:80 법칙]

❹ 충성도

- 기업들은 소비자들의 충성도loyalty를 기준으로 시장을 세분화하고 세분 시장 분석을 통해 유용한 정보 획득이 가능하다.

- 소비자들은 상표, 점포, 제조회사에 대하여 충성도를 가지며 기업들은 이러한 소비자들이 지니는 충성도에 따라서 시장을 세분화하여 마케팅을 적용할 수 있다.

- 자사 브랜드에서 타 브랜드로 전환하는 집단을 분석하여 자사 상표에 대한 취약점을 파악하고 이에 맞는 마케팅으로 전략을 다시 재설정 할수 있다.

- 결국 충성도가 높은 고객들은 일반적으로 가장 수익성이 높은 고객들

이므로 기업은 충성도가 높은 고객을 파악하고 유지. 관리하는 데 노력을 기울여야 한다.

⑤ 시장세분화의 요건

지금까지 살펴본 바와 같이 시장세분화의 기준과 방법은 매우 다양하다. 그리고 시장세분화의 기준과 방법에 따라 결과적으로 나타나는 세분화의 형태와 효과는 매우 다르므로 효율적으로 세분화를 하기 위해 다음과 같은 요건들을 살펴보아야 한다.

A. 동질성과 이질성(homogeneous and heterogeneous)

우선적으로 세분 시장내에서의 동질성과 이질성을 고려해야 한다. 같은 세분 시장 내의 고객들은 마케팅 믹스 또는 마케팅 전략에 유사하게 반응하고, 서로 다른 세분 시장에 속한 고객들은 상이하게 반응하도록 해야 한다. 이러한 요건이 갖추어져야 표적시장으로 선정된 세분 시장에 투입되는 마케팅 믹스가 차별적 효과를 가져올 수 있다.

B. 측정가능성(measurability)

세분 시장의 크기와 세분 시장에 속한 소비자들의 구매력과 같은 특성들이 측정될 수 있어야 한다. 세분 시장의 규모와 소비자들의 구매력을 측정하는 것이 중요한 이유는 표적시장을 선택함에 있어 이 같은 자료를 바탕으로 의사결정을 해야 하기 때문이다. 마케팅 믹스의 변화에 따른 세분 시장의 반응을 측정할 수 있도록 세분화가 이루어져야 세분 시장들을 비교하여 적절한 표적시장을 선정할 수 있다.

C. 규모(size)

세분 시장은 시속적인 경영 활동을 위한 충분한 이익을 얻을 수 있을 정도의 규모를 갖추어야 한다. 세분 시장의 규모가 너무 작으면 아무리 좋은 제품이라 할지라도 마케팅 믹스를 적용할 때 수익성을 기대할 수가 없다. 기업의 궁극적인 목표인 이윤을 창출하기 위해서도 규모에 대한 부분을 고려해야 한다.

D. 접근가능성(accessibility)

접근성은 대중매체를 사용하여 표적 고객에게 자사가 원하는 메시지를 전달할 수 있는 가능성을 말한다. 기업은 여러가지 홍보매체를 사용하여 세분 시장의 고객들에게 용이하게 접근할 수 있도록 촉진하여야 한다.

접근가능성에는 자사 제품을 표적 시장의 지역에 수송하는 데 필요한 도로나 교통수단, 적절한 유통경로, 커뮤니케이션 등이 포함된다. 접근은 물리적인 접근뿐만 아니라 커뮤니케이션에 의한 접근도 포함되며, 아무리 세분

시장의 규모가 크고 충분한 구매력을 지니고 있다고 해도 접근성이 낮으면 제품과 서비스에 관한 메시지를 전달할 수 없다. 또한 접근성은 고객들의 매체행동과 밀접한 관련이 있다. 자사 제품에 관한 메시지를 잠재 고객들에게 전달할 수 있는 커뮤니케이션 수단이 존재하는지도 고려하여야 한다.

E. 차별가능성(differentiability)

기업이 실행한 전략에 대하여 각각의 세분 시장이 차별적인 반응을 보여야 한다. 세분화가 성공적으로 이루어졌다면 차별가능성은 높아야 한다. 예를 들어 가격민감도가 높은 세분 시장에서는 가격할인 전략이 매출의 증가가 나타나야 하고 그렇지 않은 세분 시장에서는 매출의 변화가 크지 않아야 한다. 특히 마케팅 전략에 대한 세분 시장의 반응은 차별적으로 나타나야만 한다.

F. 실행가능성(actionability)

기업이 선정하는 표적 시장 내에서 마케팅 전략을 실행할 수 있는 가능성을 말한다. 실행가능성을 높이기 위한 기업의 능력은 생산능력, 자금, 인적자원, 마케팅력 등을 포함한다. 아무리 표적시장이 매력적이라도 그 시장에서 전략을 실행할 수 있는 능력이 없다면 그 매력적인 시장은 그림의 떡이 될 것이다.

(2) 표적시장(target market)

기업은 세분화된 다수의 세분 시장 중에서 한 개 혹은 몇 개의 세분 시장을 표적시장으로 선정targeting해야 한다.

기업이 표적시장을 선정하기 위하여 각각의 세분 시장을 평가할 때 다음의 요소들을 고려할 필요가 있다.

① 표적시장의 선정시 고려할 요소

첫째. 전반적인 매력도 분석

- 세분 시장의 매력도를 분석하기 위해서는 시장의 충분한 규모와 높은 성장률을 고려해야 한다.

- 경쟁이 심할 경우, 수익성 측면에서 매력적인 시장이 아닐 수도 있기 때문에 시장의 구조를 중요하게 고려해야 한다.

- 기업은 세분 시장의 장기적인 매력도에 영향을 주는 구조적인 요인들에 대해서도 충분하게 고려할 필요가 있다. 여기서 구조적 요인이란 시장에 있어서의 경쟁 상황을 뜻하는 것으로 현재의 경쟁자들, 잠재적인 경쟁자들, 대체 상품들의 위협, 그리고 구매자의 힘 등을 포함하는 것이다.

둘째. 자사의 목표와 자원

- 특정 세분 시장이 전반적인 매력도를 지니고 있다고 하더라도, 기업의 장기적인 목표와 비젼에 부합하지 않는다면 그 세분 시장은 표적시장이 될 수 없다.

- 최종적으로 세분 시장이 매력적이고 동시에 기업의 목표와 부합할 경우 기업은 그 세분시장의 욕구를 충족시킬 수 있는 기술과 자원을 갖추고 있는지 평가해 보아야 한다.

상품수명주기 단계	도입기	성장기	성숙기	쇠퇴기
시장규모	소	중	대	중 → 소
시장성장률	저	고	저	마이너스
시장매력도	저	고	중	저

② 표적시장의 선정 – 마케팅전략

A. 비차별화 마케팅(mass marketing)

대량마케팅이라고도 하며 비차별화 마케팅은 잠재고객들이 동질적 선호패턴을 나타낸다는 가정하에 전체시장에 대해 한 가지 마케팅 믹스 전략을 적용하는 것이다. 가장 큰 표적시장을 대상으로 하기 때문에 비용을 절감할 수 있으며 대량생산, 대량유통, 대량광고 등이 이용되어 이를 대량 마케팅이라고 한다.

B. 차별화 마케팅(differentiated marketing)

차별화 마케팅은 잠재고객들이 군집화된 선호패턴을 나타낸다고 생각하고 전체시장을 몇 개의 세분시장으로 나누는 것이다. 나누어진 세분시장 중에서 하나를 표적시장으로 선정하여 그에 적합한 제품이나 서비스를 제공하는 것이다. 이 전략은 비차별화 마케팅보다 총매출을 더욱 많이 달성하여 시장점유율을 증대시키는 장점이 있다. 차별화에 따른 경비가 함께 증대된다는 문제점이 있다.

C. 집중화 마케팅(concentrated marketing)

집중화 마케팅은 차별화 마케팅과 같은 개념이다. 그러나 비차별화 마케팅이나 차별화 마케팅은 2가지 모두 전체시장을 표적시장으로 삼는 데 반해 집중화 마케팅은 한 개 또는 더욱 소수의 세분시장만을 표적시장으로 삼고 표적시장에서의 시장 점유율을 확대하려는 전략이다. 갑자기 표적시장이 붕괴될 수 있다는 위험성을 안고 있다.

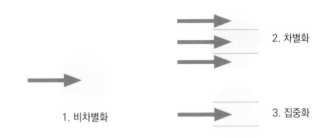

D. 일대일 마케팅(one-to-one marketing)

일대일 마케팅은 잠재고객들의 확산된 선호패턴을 개별적이고 독특한 하나의 시장으로 본다. 원하는 바가 매우 다른 개별 고객을 별도의 세분시장으로 간주하여 표적시장을 정밀하게 조정한 것이다.

생각해봅시다!

Q1 당신은 현재 새로운 형태의 간호영역을 개척하여 진입시키려 하고있다. 우리
나라의 의료시장을 기반으로 간호 영역의 세분화 기준을 제시하라.

(3) 포지셔닝(positioning)

① 포지셔닝의 정의

포지셔닝이란 "어느 한 제품이 주어진 시장에서 차지하는 위치, 장소"를 의미하는 것이다. 특정제품이 경쟁제품과 비교하여 특정 속성에 대하여 소비자늘의 마음속에 차지하는 싱대적 위치를 의미한다.

[포지셔닝의 핵심]

포지셔닝은 고객에 의하여 인식된 차별성이다. 자사의 제품이나 브랜드를 경쟁 브랜드와 비교하여 차별적으로 받아들일 수 있도록 고객들의 마음속에 위치(인식)시키는 노력을 의미한다.

공급측면의 개념으로의 제품 포지셔닝은 제품 특징이나 이미지를 고객들에게 적절히 인식시키기 위한 촉진 활동과 밀접한 관계가 있으며, 제품 개발 이전에 설정될 수도 있고 제품 개발 이후에 이루어질 수도 있다.

② 포지셔닝의 절차

첫째. 소비자 분석

소비자의 욕구를 명확히 이해한다.

둘째. 경쟁자 확인

표적시장의 범위를 정하고 경쟁자를 확인하여야 한다.

셋째. 경쟁자 포지션 분석

경쟁자가 현재 소비자에게 어떤 모습으로 지각되는지를 확인한다.

넷째. 자신의 포지셔닝 개발

소비자의 마음속에 자신이 차지하고 싶은 위치를 결정한다.

다섯째. 포지셔닝 실행

원하는 위치에 따른 제품을 개발하고 마케팅 믹스를 결정한다.

여섯째. 포지션 확인과 리포지셔닝

포지셔닝이 실행된 후 위치를 확인하여야 하며 적절히 포지션이 되었더라도 환경의 변화 등으로 목표 포지션이 재설정되면 그 위치로 이동하는 재포지셔닝(리포지셔닝, repositioning)을 필요로 한다.

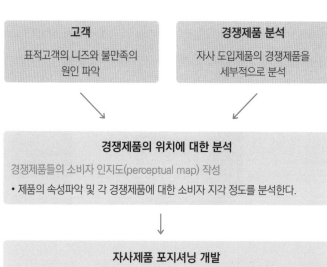

고객
표적고객의 니즈와 불만족의 원인 파악

경쟁제품 분석
자사 도입제품의 경쟁제품을 세부적으로 분석

경쟁제품의 위치에 대한 분석
경쟁제품들의 소비자 인지도(perceptual map) 작성
• 제품의 속성파악 및 각 경쟁제품에 대한 소비자 지각 정도를 분석한다.

자사제품 포지셔닝 개발
• 경쟁제품과 자사 도입제품에 대한 소비자들의 인식 차이를 두기 위해 위치를 선정하기 위해 고민한다.

포지셔닝 확인 및 리포지셔닝
• 포지셔닝 전략 실행 후 원래의 목표대로 포지셔닝이 되었는가를 확인한다.
• 만약 안 되었다면 경쟁 환경이나 상황을 분석하여 위치를 재설정한다.

③ 포지셔닝의 유형

A. 속성에 의한 포지셔닝

타 조직의 제품이나 서비스와 비교하여 차별화되는 속성이나 특성을 기준으로 포지셔닝하는 방법으로 소비자들이 가장 중요하게 생각하는 속성을 자사가 차별적으로 가지고 있다는 것을 나타내는 방법이다.

B. 이미지 포지셔닝

제품이나 서비스가 갖고 있는 추상적인 편익을 기준으로 포지셔닝하는 방법으로 제품에 특정한 이미지를 부여하는 것이다. 고급화장품, 보석, 고급 패션의류 등에 많이 사용한다.

C. 사용 상황에 의한 포지셔닝

제품이나 서비스의 사용 상황을 묘사하거나 제시하면서 포지셔닝하는 방법으로 소비자가 제품을 사용할 수 있는 상황과 자사제품을 연결시키는 방법이다. 많은 제품에 적용되고 있으며 특히 숙취 방지 음료, 운동 후 갈증해소음료 등 음료 제품에서 많이 이용된다.

D. 제품 사용자에 의한 포지셔닝

특정 소비자 집단이나 계층에게 적절함을 묘사하거나 제시하면서 포지셔닝하는 것으로 표적 소비자를 대상으로 자사 제품이 가장 적절하다는 것을 어필하는 방법이다. 제품 사용자에 의한 포지셔닝은 준거집단의 가치를 강조하는 것이 매우 중요하며, 탈모가 있는 남성들을 위한 가발, 탈모 샴푸 등 명확한 대상이 있을 때 효과적인 마케팅이 이루어질 수 있다.

E. 경쟁 제품에 의한 포지셔닝

소비자의 지각 속에 자리잡은 경쟁 제품과 명시적, 묵시적으로 비교함으로써 조직의 효익을 강조할 수 있는 포지셔닝 방법이다. 소비자의 마음속에 인식된 경쟁 제품 대비 자사 제품의 차별성을 강조하는 방법이며 대표적으로 비교광고가 있다.

F. 모델에 의한 포지셔닝

특정 모델과 제품을 연관시키는 방법으로 모델의 이미지를 통해 자사의 브랜드를 차별화하는 것이다. 모델의 긍정적인 이미지를 이용하는 이점이 있으나 모델이 여러 제품의 광고에 등장하거나 불미스러운 일이 발생하는 경우 모델의 이미지가 악화되어 오히려 역효과를 가져올 수 있나.

G. 상징 대상에 의한 포지셔닝

특정상징 대상에 의하나 포지셔닝은 제품에 특정 이미지를 부여하는 것이다. 상징 대상을 통해 제품을 고객의 기억 속에 인식시키는 방법이다. 에너자이저와 듀라셀은 각각 건전지와 토끼 캐릭터를 이용하여 대중에게 기억하기 쉽게 다가갔다.

④ 포지셔닝 맵(positioning map)

포지셔닝 맵은 제품이나 브랜드가 고객의 마음속에서 자리잡고 있는 위치를 2차원 혹은 3차원의 공간에 점point으로 나타낸 것으로 자사의 제품이나 브랜드의 위치를 경쟁사와 대비하여 시각적으로 표현한 기법이다.

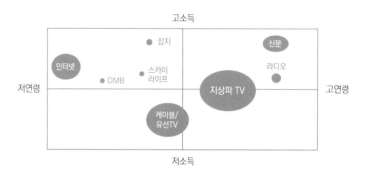

⑤ 포지셔닝 분석

포지셔닝 분석은 어떤 상표, 기업 등과 같은 태도 대상들이 소비자의 욕구나 경쟁자와 관련하여 소비자의 마음속에 그려지는 모습을 확인하는 일로 지각 지도를 작성하고 그곳에 자신과 경쟁관계인 제품이나 서비스의 위치를 결정하기까지의 과정을 의미한다. 또한, 어떤 회사에서 새로운 제품을 개발할 때, 그 전의 기존 경쟁상품과 비교를 통해, 소비자의 지각 속에 자리잡은 경쟁제품이나 서비스의 위치에서 자사제품의 위치를 결정하기까지의 과정을 말한다. 이 때 가장 가까운 거리에 위치한 브랜드가 최대의 경쟁자로 인식되며, 브랜드간의 유사성이 높을 수록 서로 경쟁관계에 있다는 것을 의미한다.

⑥ 재포지셔닝(repositioning)

표적 소비자의 욕구가 변화하거나 새로운 브랜드가 시장에 진입하여 자사제품의 포지셔닝에 도전함으로써 경쟁우위를 잃었을 때 마케터가 자신이 원하는 방향으로 제품포지션을 이동시키는 것을 말한다. 재포지셔닝은 원래 제품이 가지고 있는 포지셔닝을 변경하여 소비자에게 제품에 대한 새로운 포지션을 방법이다. 예를 들어, 스와치는 시계의 기본적인 속성 이외에도 패션 액세서리라는 이미지로 소비자에게 제품을 제포지셔닝 하였다.

'간호사'하면 '주사기'를 떠올리는 경우가 많은데, 간호사의 주된 업무가 주사를 놓는 것에 국한되어 있다는 인식이 만연되어 있다면 이 또한 재포지셔닝이 필요하다.

간호 윤리강령에 나와있는 간호사의 주된 책무는 건강증진, 질병예방, 건강회복, 고통경감 이상 4가지임을 알고 우리 간호사의 이미지 제고에 대해 심도 깊게 생각해 봐야한다.

간호사의 재포지셔닝이 필요한 시기

Q1 내가 생각하는 간호사의 이미지는?

Q2 간호사의 이미지가 어떻게 인식되길 바라는가?

자신에게 정체성 묻기

Q1 나는 누구인가?

Q2 나는 어떤 간호사로 기억되고 싶은가?

Q3 나는 어떤 사람으로 기억되고 싶은가?

2) 간호와 관련된 창업분야

1. 업(業)의 개념

(1) 업의 개념이란 ?

기업이 벌이고 있는 경영활동의 본질과 내용을 나타내는 것을 업(業)이라 한다.

(2) 업의 개념에서의 특징은?

기업이 제공하고 있는 제품과 서비스가 아닌 고객의 필요와 욕구에 초점을 맞춰야 한다. 고객이 특정 제품과 서비스를 선택하는 동기가 무엇인가 파악하고 제품과 서비스를 통하여 충족하고자 하는 고객의 필요와 욕구를 충분히 파악하는 것이 무엇보다 중요하다.

> 고객이 자사 제품을 구매하고
> 자사의 서비스를 이용하는 이유를 알아야 한다
> ↓
> 매출 원천으로서의 고객에 대한 이해 필요

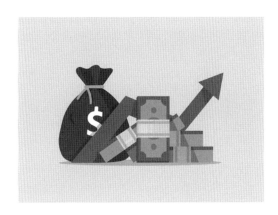

생각해봅시다!

Q1 간호학과에 들어오면서 내가 생각했던 간호의 업(業)은?

Q2 간호에서 고객 중심의 업(業)의 개념은 무엇인가?

2. 간호 관련 창업 분야

간호를 바탕으로 현실화 시킬 수 있는 모든 분야가 간호관련 창업 분야에 해당한다. 우리가 이미 잘 알고 있는 영역으로는 조산원, 노인복지시설, 어린이집, 정신재활시설, 산후조리원 등이 있다.

(1) 조산원

조산원은 의료법에 근거하여 조산사 면허를 가지고 있는 간호사에 의해 개설될 수 있다. 조산사 면허는 간호사 면허를 가지고 1년간 지정된 기관에서 조산사 과정을 이수하여야 취득이 가능하다. 입원실을 갖추고 출산 전·후에 산모와 신생아를 중점적으로 돌보는 시설이며 예전에 의사의 수가 현저히 모자라고 출산률이 높을 때는 산부인과와 유사한 역할을 했어지만 현재는 저출산 등으로 조산원의 개설이 많이 어려워진 상황이다.

(2) 노인복지시설

인구 고령화에 맞추어 최근 간호사에 의해 많이 설립되고 있는 영역이다. 노인복지법과 사회복지법에 의거하여 주거복지시설, 의료복지시설, 여가복지시설, 재가노인복지시설, 노인보호전문기관 등 다양한 유형이 있으며 대부분 간호사, 사회복지사, 요양보호사 및 기타 인력으로 구성되어 운영되고 있다.

우리나라 국민의 평균 수명이 높아지면서 노인인구가 급속한 속도로 증가되고 있으며 이로 인해 노인장기요양문제가 중요한 사회문제로 대두되고 있다. 여성의 사회참여와 핵가족화 및 일인가구의 증가로 가족의 노인부양능력은 지속적으로 약화되고 있는 실정이므로 노인복지 관련 시설은 향후 활성화될 전망이다.

(3) 어린이집

어린이집은 영유아보육법과 관련이 있으며, 어린이집, 영아전담 어린이집, 가정단위에서 운영하는 어린이집 등 유형도 다양하다. 어린이집의 원장이 되기 위해서는 간호사 면허를 취득한 후 7년 이상 보육 등 아동복지업무 경력이 있어야 한다. 만 3세 미만의 영아만을 20명 이상 돌보는 영아 전담 어린이집의 경우에는 간호사 면허를 취득한 후 5년 이상의 아동간호업무 경력이 있어야 한다. 영유아를 돌봄에 있어 임상경험을 가진 간호사는 전문적인 지식과 경험을 토대로 특화된 어린이집을 운영할 수 있다.

(4) 정신재활시설

정신보건법과 관련하여 정신질환자가 입소해 생활하거나 사회재활 및 직업재활을 하면서 사회로의 복귀를 돕는 기관을 의미하며, 마약 약물, 도박과 같은 유해행위에 중독된 사람들의 회복을 위한 중독자 재활시설이 포함되어 있다. 한국 사회에서 정신건강사업은 그 역할이 점차 확대되고 있으며 입원서비스 중심에서 지역사회 서비스로 방향이 전환되고 있다. 향후 정신재활시설은 더욱 중요한 역할을 담당하게 될 것으로 예상되며 정신보건서비스의 경우, 대상자 위주의 사업이 가져오는 서비스의 단순화나 획일화, 중복서비스 문제를 해결하기 위해 다각화된 방법으로 접근하여 차별화된 서비스가 진행되면서 정신보건간호사 및 정신전문간호사의 활발한 활동이 기대되는 분야이다.

(5) 산후조리원

사회구조의 핵가족화 여성취업의 확대 등으로 여성들의 출산나 및 육아문제가 점점 사회문제로 부각되고 있어 산모와 신생아의 체계적인 관리를 위해 개설되기 시작된 산후조리원은 1996년 이후부터 점차 증가하여 현재 전국에서 다양한 규모와 시스템이 운영되고 있다.

산후조리원은 산후조리 및 요양 등에 필요한 인력과 시설을 갖춘 곳으로 분만 직후의 임산부 또는 출생 직후의 영유아에게 급식, 요양 그 밖의 일상생활에 필요한 편의를 제공하는 업을 말한다. 산후조리업을 하기 위해서는 운영에 필요한 간호사 또는 간호조무사 등의 인력과 시설을 갖추고 책임보험에 가입하여 시.군.구청장에게 신고하여야 한다. 서비스업으로 등록되어 있는 산후조리원은 특별한 자격이 요구되지 않아 일반인도 개설이 가능한 분야이다.

(6) 외국인환자 유치사업

현재 한국사회는 인구의 지속적인 감소로 인해 향후 간호의 대상자가 되는 한국인 환자수도 줄어들 전망이다. 이에 따라 외국인환자 유치업이 국가 신성장동력 사업의 일환으로 2009년부터 시작되었다. 외국인환자를 유치하고자 하는 기관에 일정 요건을 갖춰 등록하게 함으로써 무분별한 외국인환자 유치행위 등을 방지하여 외국인 환자에게 제공되는 한국 의료서비스 수준 관리에 목적을 두고 2016년 「의료해외진출 및 외국인환자유치 지원에 관한 법률」이 제정되어 현재 외국인환자 유치기관 등록제도가 시행되고 있다.

'외국인환자 유치'란 외국인환자의 국내 의료기관 이용 증진을 위하여 진료예약·계약 체결 및 그 대리, 외국인환자에 대한 진료정보 제공 및 교통·숙박 안내 등 진료에 관련된 편의를 제공하는 활동을 의미한다. 외국인환자 유치업자로 등록을 하는 경우에는 1억 이상 보장 보증보험가입과 자본금 1억 이상의 보유 및 국내 사무소 설치가 기본적인 조건이 된다. 이와 같은 조건만 갖추면 일반인도 개설이 가능한 분야이나 임상에서 전문적인 간호경험을 가진 간호사가 창업을 한다면 일반 여행사와는 차별화, 전문화된 모습으로 활발하게 활동할 수 있을 것으로 본다.

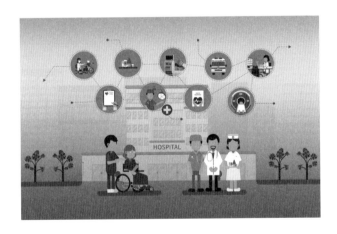

생각해봅시다!

Q1 간호서비스를 제공할 수 있는 고객(대상)은?

Q2 간호서비스를 판매할 수 있는 시장은?

3) 간호창업의 기본 프로세스

간호는 눈에 보이지 않는 의료서비스 마케팅을 적용해야 한다.

1. 간호창업을 위한 서비스 마케팅

(1) 서비스의 개념

서비스는 고객의 편리와 욕구, 이익을 충족시켜 줄 목적으로 대상자의 명시적인 요청에 의해 제공되는 무형의 행위나 성과이며 어느 쪽의 소유로도 결정되어지지 않는 것이라고 할 수 있다. 판매를 목적으로 제공되거나 상품판매와 연계해서 제공되는 제반활동이라고 간단히 정의할 수도 있다.

(2) 서비스의 특징

① 무형성

서비스는 뚜렷한 실체가 있지 않아 보거나 만질 수 없고, 서비스를 제공받기 전에는 어떤 것인지 실체를 파악하기 어려우며 서비스 상품은 진열하기 곤란하며 커뮤니케이션도 어렵다.

[해결전략]

잘 훈련된 인적자원을 정보제공에 사용하여 고객 접촉빈도를 높이고 구매 후에도 커뮤니케이션을 강화하여 입소문 마케팅을 적극적으로 활용한다.

② 비분리성

비분리성은 동시성이라고도 하며 생산과 소비가 동시에 일어나는 것을 의미한다. 서비스가 제공되는 시점에 소비자가 존재해야 제공이 가능하고 서비스 제공자와 상호작용하는 것과 참여 여부의 정도가 서비스의 결과에 큰 영향을 미친다.

[해결전략]

서비스를 제공하는 조직구성원 선발 및 교육에 중점을 두고, 서비스 제공자의 표준화 및 자동화를 강화한다. 가능한 여러 지역에 서비스망을 구축하고 고객관리에 세심한 관심이 필요하다.

③ 이질성

이질성은 변화가능성을 의미하는데 동일한 서비스라 하더라도 누가, 언제, 어디서, 어떠한 방법으로 제공하느냐에 따라 매번 달라지기 때문이다. 이로 인해 서비스 표준화와 품질관리가 쉽지 않다.

[해결전략]

서비스 표준화의 설계 및 수행으로 일관성 있는 서비스를 제공하고 서비스의 기계화·산업화·맞춤화가 시행되도록 한다.

④ 소멸성

소멸성은 비분리성에 기본을 두는 개념으로 서비스는 결코 저장될 수 없다는 의미이다. 예를 들어 연주회, 비행기의 빈 좌석, 병원 입원실의 빈 침상들은 이용해야 하는 시기가 지나면 이용할 기회가 사라진다는 것이다.

[해결전략]

일반적인 제품처럼 재고라는 의미를 부여할 수 없기 때문에 수급 및 제공능력의 동시조절 및 비수기의 수요변동에 대비하여야 한다.

무형의 서비스를 시각화, 실제화시키고 표준화해
고객에게 일관된 경험을 제공할 방법 연구 필요

2. 성공적인 창업을 위한 고객 만족 경영

(1) 고객만족의 중요성

- 기업이 존재하는 가장 근본적인 이유는 이윤의 창출과 극대화이다. 그 외의 모든 것, 예를 들면 기업의 사회적 책임corporate social responsibility과 같은 것은 이윤의 창출 후에 수반되는 2차적인 활동이다.

- 기업의 존재 활동에서 중요한 것은?

이윤의 창출을 위한 영속적인 경영활동으로 보았을 때 이를 위해 필요한 것은 지속적인 매출의 흐름이다. 또한 이것은 다시 재구매 고객의 창출을 요구한다. 이때 재구매 고객의 창출은 고객의 만족을 절대적으로 필요로 하게 된다.

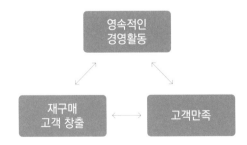

대부분 고객 만족이 마치 기업의 궁극적인 목적인 것처럼 내세우고 있으나 이는 잘못된 견해이다. 고객 만족은 어디까지나 기업의 궁긍적인 목표인 이윤 창출을 위한 수단일 뿐이다. 이윤 창출을 위해서 고객 만족이 요구되는 것이며, 고객 만족을 위하여 이윤 창출이 요구되는 것은 아니기 때문이다.

(2) 고객만족 경영의 과제

고객 만족 경영을 구현하기 위해서 수행하여야 할 과제는 고객 지향성의 확립과 고객 중심의 조직 문화를 갖추는 것이다.

첫째. 고객 지향성의 확립

고객 지향성 확립을 위해 가장 기본적으로 요구되는 사항은 고객이 지니고 있는 필요와 욕구를 올바로 이해하는 일이다. 또한 역피라미드형 조직 구조가 반드시 필요하다. 즉, 역피라미드 상단에 고객이 있고 그 바로 아래에 일선 직원이 있고, 이렇게 하여 역피라미드 제일 하단에 최고경영진이 자리할 수 있는 시스템을 갖추어야 한다. 이는 품질 개선, 신제품 개발, 그리고 서비스 개선 등을 위한 시작점이 되기 때문이다.

둘째. 고객 중심의 조직 문화

고객 지향성의 확립과 더불어 고객정보시스템customer database이 구축되어야 한다. 그리고 효율적인 업무 수행을 위한 교육 및 훈련시스템이 갖추어져야 한다. 또한 직원들을 위한 동기부여를 위해서 적절한 보상시스템도 갖추어져야 한다.

여기서 가장 중요한 것은 내부 고객인 직원을 만족시켜야 한다는 것이다. 내부 고객인 직원의 만족은 외부 고객의 만족을 실현하는 데 필수적이기 때문이다. 따라서 기업은 내부 마케팅을 적극적으로 실천하여야 한다.

생각해봅시다!

Q1 간호를 바탕으로 넓은 의미에서 나의 고객은 누구인가? 그리고 나는 그들을 위해 어떤 가치를 제공할 수 있는가?

Q2 "마케팅은 새로운 제품에 대한 수요를 창조할 수 있기 때문에 위대하다." 이에 대한 자신의 생각은? 그리고 나만 가지고 있는 특별한 간호서비스는?

3. 간호창업을 위한 3C 분석(company, competitor, customer)

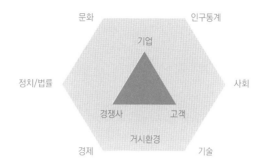

(1) 자사 분석

성공적인 마케팅 기업들은 자사의 핵심역량으로써 고객 욕구를 충족시키는 데 초점을 둔다.

※ 자사의 역량의 활용방법

자사의 핵심 역량core competence을 외부 환경 분석external environment analysis 또는 SWOTstrengths, weaknesses, opportunities, threats 분석을 이용해 분석한다.

(2) 경쟁자 분석

성공적인 경영을 위해서는 경쟁자보다 더 많은 고객가치와 고객만족을 제공해야 한다.

※ 경쟁자(competitor)

비슷한 제품이나 서비스를 제공하는 기업들을 의미한다.

※ 경쟁(competition)

자사의 전략에 따른 다른 기업의 매출의 변화를 의미하며 자사의 전략실행에도 다른 기업의 매출에 변화가 없다면 그 기업은 자사의 경쟁자라고 볼 수 없다.

(3) 고객 분석

기업이 자사의 역량을 파악하고, 경쟁자를 분석하더라도 고객을 이해하지 못하면 성공적인 마케팅 전략을 수립할 수 없다. 기업의 궁극적인 목표는 이윤창출이며, 고객은 기업의 수입원이기에 고객 만족을 통해 기업은 이윤을 창출해야 한다. 고객을 이해하기 위해서는 고객을 둘러싸고 있는 환경 파악이 필요하다. 고객이 어떤 문화권에 속하는지, 어떤 사회에 있는지를 파악하는 것이 중요하다. 환경에 따라 고객의 구매와 사용 상황 및 선호도가 달라지기 때문이다.

(4) 고객 분류

• 개별고객 vs 집단고객: 전반적인 상황을 이해하기 위해서 고객을 개별적으로 볼 것인지, 집단으로 볼 것인지를 결정해야 한다. 이는 고객의 역할을 이해하는 것으로 제품의 구매가 고객 자신을 위한 것인지, 조직의 목적에 따른 것인지에 따라 구매행동이 다르게 나타날 수 있다.

• 소비자(개인) 구매 vs 조직 구매: 조직의 목적에 따라 구매를 하는 조직구매 행동의 경우에는 다른 접근이 필요하다. 개인적 욕구가 아닌 기업의 필요와 욕구에 의한 구매이므로 복잡한 의사결정과정과 다수의 구매결정자가 발생하게 되므로 이해관계자를 살펴보는 것이 중요하다.

Part 2

간호창업 실전 시뮬레이션

제 1 장

창업아이템

1) 창업아이템 선정

사업아이템의 출발점은 '생산적인 why', '왜?'라는 호기심에서 시작된다. 창업자들의 질문은 달라야 한다. '생산적인 why'여야 한다. 일상의 불편함이나 문제가 발견된다면 그 이유는 무엇인지 원인을 분석해가는 'reason why', 즉 어떤 사물과 현상에 궁금증과 해답을 찾아내는 'why'가 되어야 한다는 얘기다.

그리고 그다음 단계는 고정관념과 익숙함을 흔드는 'challenge why'로까지 발전해야 한다. 즉, '지금까지 해결이 안 된 문제가 존재한다 → 그 이유는 뭘까? → 다른 방식으로 접근하면 이 문제를 해결할 수 있지 않을까?'라는 발상의 전환이 필요한 것이다. 이처럼 'why'는 한 번에 끝나는 게 아니라 끊임없이 반복해서 물어야 한다. 궁금증을 해소하기 위해 계속 꼬리에 꼬리를 물고 스스로 질문하고 해법을 찾아야 한다. 책을 읽고 관련된 기사도 검색하고, 그러한 과정을 습관화하면 좋은 상상을 하게 된다. 처음에 떠올린 상상은 시간이 갈수록 여러 번의 'why'가 쌓이고 쌓여 구체화된다. 결국 실체적 사업화에 가까워지게 된다. 처음에 떠올린 상상은 시간이 갈수록 여러 번의 'why'가 쌓이고 쌓여 구체화된다. 결국 실체적 사업화에 가까워지게 된다. 즉, 생산적인 'why'를 끊임없이 습관처럼 하다 보면 남들이 미처 발견하지 못한 사업 아이템을 발굴해 낼 수 있는 초석이 될 수 있는 것이다.

창업을 준비하는 예비 창업자들, 그리고 적절한 아이템을 찾고 있는 분들이라면 지금부터라도 '생산적 why'의 습관을 실천해야 한다. 'why'는 새로운 것을 볼 수 있게 하고, 신비한 것을 만날 수 있게 만든다.

2) 창업아이템 평가(사업타당성 분석)

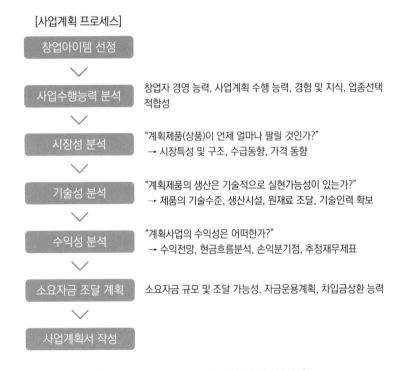

[사업계획 프로세스]

창업아이템 선정

사업수행능력 분석 — 창업자 경영 능력, 사업계획 수행 능력, 경험 및 지식, 업종선택 적합성

시장성 분석 — "계획제품(상품)이 언제 얼마나 팔릴 것인가?"
→ 시장특성 및 구조, 수급동향, 가격 동향

기술성 분석 — "계획제품의 생산은 기술적으로 실현가능성이 있는가?"
→ 제품의 기술수준, 생산시설, 원재료 조달, 기술인력 확보

수익성 분석 — "계획사업의 수익성은 어떠한가?"
→ 수익전망, 현금흐름분석, 손익분기점, 추정재무제표

소요자금 조달 계획 — 소요자금 규모 및 조달 가능성, 자금운용계획, 차입금상환 능력

사업계획서 작성

[시장성, 기술성, 수익성 분석을 통한 사업타당성 분석]

시장성 분석	기술성 분석	수익성 분석
전체 시장규모 추정 전반적인 시장동향 시장 특성 및 구조 원가구조 및 추세 판매계획의 검토	생산시설능력 입지조건 및 소요인력 원가계획 기술적 실현가능성 검토 생산방식과 공정	매출액 추정 매출원가 추정 판매관리비 추정 영업이익/당기순이익 추정

표에서도 알 수 있듯이, 사업타당성 분석이란 내 아이템이 시장에서 팔릴 수 있을 것인지(고객은 누구인지), 아이템을 실제화, 실현해 낼 만한 기술력과 핵심 역량을 내부적으로 갖고 있는지, 결국은 그 아이템이 얼마만큼의 수익으로 이어질 수 있을 것인지를 분석해 보는 시뮬레이션 과정이라고 할 수 있겠다.

일반적으로 사업타당성 분석의 핵심 요소 중 첫 번째는 바로 시장성이다. 여기에는 시장 동향(시장 규모 및 특성과 소비자 분석)과 수요예측(목표 고객 설정), 제품성(제품의 강약점과 아이템 회전 주기) 등이 포함된다. 당연히 경쟁사 현황 분석도 필수이다.

다음은 기술성이다. 즉 아이템을 생산, 판매하는 데 드는 기술적 능력을 분석해 제품 생산 능력과 가격 경쟁력을 결정하는 단계다. 내가 선택한 아이템을 구현할 만한 기술력을 갖추고 있느냐를 판단하는 것인데, 여기에서는 보유기술 분석과 생산설비에 투자하는 금액의 산출, 기술평가가 중요하다.

마지막 세 번째는 수익성이다. 아이템의 수익 가능성을 검토하고 매출·자금·비용계획 등을 세우는 단계다. 특히 여기서 매출액 추정은 가능한 보수적으로 잡는 것이 좋다. 각종 리스크가 발생했을 때라도 돈을 벌수 있는 구조라는 확신이 들어야 한다는 것이다. 이러한 핵심 요소를 분석하다 보면 내가 정한 아이템으로 창업에 돌입했을 때에 성공 가능성에 대한 판단이 서게 된다. 또한 사업타당성 분석 과정에서 잊지 말고 체크해야 할 것이 있다. 내가 실제 사업을 펼칠 때 영향을 줄 수 있는 환경 요소들을 꼼꼼히 분석하고 면밀히 살펴봐야 한다는 점이다. 특별히 의료분야는 관련 규제나 법제도를 확인하는 것이 반드시 필요하다.

3) 시장조사의 중요성

창업자가 생각하는 제품의 기술 수준과 고객이 받아들이는 제품의 기술 수준의 갭gap이 생겨서 실제 수요로 이어지지 않는 경우가 상당히 많다. 특히, 자신만이 전문가라는 자아도취에 빠져 자신의 사업을 객관화하지 못하거나 전문가의 도움만 의지하여 시장조사를 제대로 하지 않는 경우는 사업이 실패로 이어질 수 있다. 결국, 소비자가 나의 제품을 원하는가? 이것이 핵심이다. 철저하지 못한 시장조사는 결국 제품의 생존을 위협하게 된다. 개발 초기의 시장조사는 무엇보다 중요하며, 시장조사와 다른 상황이 발생되면 지속적인 피봇pivot이 이어져야 생존할 수 있다.

[피봇(pivot)]

스타트업마다 피봇을 결정하는 이유나 상황은 조금씩 다르지만 대표적인 피봇의 시점은 이용자 유치에 실패하거나, 이용자는 확보했더라도 수익화에 실패한 경우일 것이다. 한마디로 매출로 이어지지 않고 성장지표가 보이지 않을 때이다. 그리고 예상치 않은 외부요인(이를테면 규제, 강력한 경쟁자의 출현 등)에 의해 위기에 봉착했을 경우가 있겠다. 또한 꼭 잘못된 상황이 아니더라도 자신이 하던 사업 안에서 새로운 기회를 발견해서 피봇을 하는 경우도 있다.

지금도 수많은 스타트업들이 피봇을 결심하고 이를 실행에 옮기고 있을 것이다. 성공적인 피봇을 위해서는 남들이 보지 못하는 것을 발견하는 통찰력이 있어야 한다. 빠르게 변화하는 시장의 상황과 고객의 목소리를 항상 예의주시하지 않으면 현명한 인사이트가 생길 수 없다. 경직되지 않은 사고로, 새로운 시각으로, 현재와 미래를 바라보고 정확한 진단을 통해 피봇팅의 방향을 정립해야 한다. 즉, 변화의 큰 줄기를 파악하고, 거기서 내가 해야 하는 것이 무엇일지 치열하게 고민해야만, 피봇의 목표와 방향성이 명확해질 것이다.

시장조사의 자료 확보를 위해 도움이 될 만한 사이트를 소개하면 다음과 같다.

① 네이버 광고 관리

네이버 키워드광고, 배너광고를 관리하는 광고주들을 위한 사이트이다. 이 사이트에 들어가면 우리나라 국민이 가장 많이 사용하는 포탈 네이버에서 해당 아이템에 대한 관심을 보이는 숫자와 누가 검색하는지를 알 수 있다. 특정 기간 동안의 검색량 추이, 연령별 남녀별 검색추이도 확인 가능하며, 이는 실시간 빅데이터이기 때문에 시장분석에 용이하게 활용할 수 있다.

② 네이버 데이터랩

분야별 인기검색어, 급상승 트래킹, 지역 통계, 공공데이터 등 온라인 김색 드렌드를 확인할 수 있는 서비스다. 특히 이 사이트에서는 최대 20개의 키워드를 넣으면서, 다양한 키워드들의 비교분석 그래프를 확인할 수 있다. 이는 경쟁사 분석에도 유용한데, 경쟁사들의 이름을 여러 개 넣어 분석해 보면 어떤 기업이 온라인상에서 고객들의 인기를 얻고 있는지 등의 파악이 가능하다.

③ 소셜 매트릭스(섬트렌드)

이 사이트는 블로그, 트위터, 인스타그램, 커뮤니티 등에서 수집한 소셜 빅데이터를 토대로 키워드에 대한 △반응 추이 △연관어 △기관별 연관어 △감성 분석 △키워드 비교 분석 등 다양한 분석 기능을 제공한다. 이를 활용하면 전 산업군에 대한 △시장조사 △브랜드 조사 △캠페인 반응 분석 및 전략 수립 △트렌드 분석 △이슈 분석 등이 가능해진다. 초기 사업자의 경우, 섬트렌들에 들어가서 궁금한 키워드를 넣으면 이와 관련된 연관검색어, 긍정적이거나 부정적인 고객들의 검색량 추이 등을 확인할 수 있다. 이 데이터들은 자신의 서비스에 대한 시장조사 근거자료는 물론, 소비자의 관심사와 시장 트렌드를 파악하는 데에도 도움이 될 것이다.

제 2 장

간호 비즈니스 모델

1) 아이템 검증을 위한 비즈니스 모델 정립

아이템 검증단계에서 가장 중요한 마지막 단계는 비즈니스 모델의 정립
이다. 비즈니스 모델이란 내부적으로 확보된 자원과 외부 이해관계자,
시장 상황 등을 고려해 조직이 가치를 창출하고, 전달하고, 어떻게 확보
할지를 논리적으로 정리한 프레임이라고 할 수 있다. 쉽게 표현하자면
내가 보유하고 있는 제품, 서비스를 바탕으로 어떤 소비자에게 가치를
제공하고, 어떤 방식으로 수익을 실현하는지의 전체 구조를 설명하는
것이다. 일반적인 비즈니스 모델 검증 방식으로는 잘 알려진 9블록 캔
버스가 사용된다.

(1) 생산 및 등급

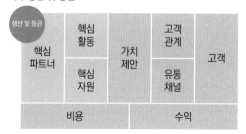

"가치를 만들고 전달하기 위해"
→ 어떤 자원이 필요한가?
→ 어떤 활동이 필요한가?
→ 어떤 파트너가 필요한가?

(2) 마케팅 및 판매

"제품을 알리고 판매하기 위해"

→ 어떤 채널을 이용해야 할까?

→ 지속적 수익창출을 위한 고객
　관리방법은 무엇일까?

(3) 재무

"수익을 창출하고 성장하기 위해"

→ 비용 및 수익구조는 적정한가?

→ 자금조달이 필요한가?

→ 사업화를 위한 재무전략은?

[비즈니스 모델 컨버스]

　표에서 보면 알 수 있듯이 누가 나를 돕는지, 내가 무엇을 가졌는지, 어떤 채널에 제품을 판매해야 하는지, 어떻게 고객을 관리하는지 등을 일목요연하게 정리하는 과정이다. 비즈니스 모델 캔버스를 통해 각 블록마다 나의 상황을 작성하고, 우선순위를 정해 가면서 사업을 가다듬어 가다 보면 실패의 위험을 비켜 가는 데 도움이 될 것은 분명하다. 9 블록 캔버스 방식이 좀 어렵게 느껴진다면 잘 알려진 기업의 사례로 비즈니스 모델을 작성하면서 연습해 보는 것도 좋겠다.

[9블록 캔버스]

문제 (1)	솔루션 (4) – MVP 최소존속제품	고유의 가치 제안 (3) – UVP	경쟁 우위 (5)	고객군 (2)
기존 대안	핵심지표 (8)	– 상위 개념	채널 (9)	– 얼리어답터
비용구조 (7)		수익원 (6)		

2) 예비 창업자, 초기 창업자 필수 온라인 정보

① 창업진흥원 홈페이지 (www.kised.or.kr)

중소벤처기업부 산하기관 창업진흥원은 예비창업자와 초기창업자가 필수로 알고 있어야 하는 곳이다. 창업 교육, 시설, 공간, 멘토링, 컨설팅, 사업화, 정책자금, R&D, 판로/해외 진출, 행사/네트워크 등에 대한 다양한 정보와 프로그램을 제공한다.

창업, 스타트업 관련한 지원은 대부분 중소벤처기업부에서부터 출발한다. 중소벤처기업부에서 세워진 정책과 확보된 자금은 중소기업진흥공단과 기술보증기금, 신용보증기금 등을 통해 실행되고 집행된다. 청년창업사관학교, 창업진흥원, 각 지역 창조경제혁신센터, 지역 테크노파크, 소상공인시장 진흥공단, 창업선도대학 등 많은 집행기관들이 창업 관련한 예산을 배정받고, 관리하고, 지출하는 업무를 수행하게 된다.

단도직입적으로 얘기하면 예비 창업자의 경우에는 다른 부처의 지원사업은 무시해도 좋겠다. 일부 문화관광부 콘텐츠사업이나 산업자원부 아이디어사업 등도 있긴 하지만 초기 스타트업에게는 'fit'이 맞질 않다. 예비/초기 창업자에게는 중소벤처기업부 산하기관인 창업진흥원 홈페이지가 가장 적합할 듯 하다. 이곳에서는 예비 창업자와 초기 창업자에게 도움이 되는 수많은 양질의 정보를 얻을 수가 있다. 창업 교육, 시설/공간, 멘토링/컨설팅, 사업화, 정책자금, R&D, 판로/해외 진출, 행사/네트워크 등에 대한 다양한 정보를 얻는 것은 물론 전문가 멘토링, 창업 교육, 시설 지원, 입주업체 간 네트워킹 등을 활용해 성공적으로 창업을 준비하는 데 도움을 얻을 수 있다. 입주자로 선발되면 최대 24개월까지 공간과 컨설팅을 무료로 지원한다. 특히 예비 창업자들에게는 정부자금을 받기 위한 사업계획서는 어떻게 적어야 하는지, 이 아이템이 타당한지 등의 사업성 검증도 도와주기 때문에 망설이지 말고 상담을 받아 보면 큰 도움이 될 것이다.

　이 밖에도 창업 지원을 위한 다양한 기관들이 있다. 대표적으로 전국 19개 지역에 창조경제혁신센터가 있다. 이곳에서는 다양한 창업 멘토링과 입주 공간 및 장비를 대여해 주는 등의 업무를 진행하고 있다. 또한 많은 4년제 대학교에서 창업보육센터를 운영하고 있으니 가까운 지역에 있는 오프라인 기관을 방문해서 도움을 받아보기를 권한다.

② K-스타트업 홈페이지 (www.k-startup.go.kr)

중소벤처기업부가 운영한 K-스타트업은 창업자라면 누구나 한번쯤 거쳐가는 사이트로 국내 대부분의 창업 지원 사업을 확인하고, 신청할 수 있다. 국내 창업 관련 공모전, 창업 컨설팅, 멘토링, 지원금 사업, 창업 공간 대요, 투자, 해외 진출 등 스타트업 관련 정보를 다양하게 제공한다.

③ 기업마당 홈페이지 및 앱 (www.bizinfo.go.kr)

중소기업 지원정책 알리미 사이트로 중소기업 및 스타트업을 위한 자금 지원사업 정보를 한눈에 볼 수 있다. 스타트업을 구상하고 있는 창업가나, 스타트업에 관심 있는 구직자에게도 도움이 되며, 기업마당 앱을 다운로드 해 놓으면 정기적으로 공지와 알림을 받아 볼 수 있다.

3) 창업을 위한 자금마련

창업을 위해 자금을 이용하는 방법에는 자기 자본(쌈짓돈), 금융기관 융자/대출, 민간 투자 유치(엔젤투자, 클라우드펀딩, 시리즈A, B), 정부지원자금 유치 등이 있다.

자기 자본의 경우에는 자금 운용과 투입이 제한적이다. 사업화가 완성되고 매출과 손익분기점(BEP)에 달성하기까지 무한정 자기 자본을 투입시킬 수 있는 경우는 거의 불가능에 가깝다. 결국 자기 자본에 타인 자본을 적극 활용할 수 밖에 없다.

타인 자본을 확보하는 방법으로는 금융권 대출과 투자가 있다. 창업 초기 단계에 엔젤투자 등을 통해 시드seed머니를 확보한 후 다양한 액셀러레이터들로부터 멘토링 및 (지분)투자를 유치하고 이후 VC(벤처캐피털)들로부터 본격적인 투자를 유치하여 IPO단계에 이르게 된다. 투자 유치의 종류는 다음과 같다.

① 엔젤투자, 클라우드펀딩

② 엘셀러레이팅(공공. 민간기업 보육 프로그램)

③ VC(시리즈 A, B, C)

- 마이크로 VC
- VC(벤처캐피털)
- CVC(기업 출자하여 투자 업무를 관장)
- 자산운용사(금융권, 증권사, 캐피털 등)

④ IPOInitial Public Offering, M&A(IPO란 비상장기업이 정해진 절차에 따라 일반 불특정 다수의 투자자들에게 새로 주식을 발행하거나 기존 주식을 매출하여 유가증권시장 또는 코스닥시장에 상장하는 행위를 의미한다.)

우선 초기에 컨택할 수 있는 투자자는 다음과 같다.

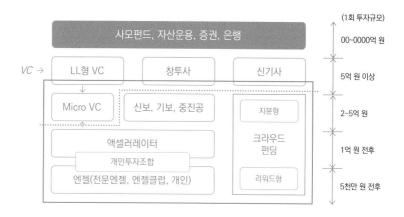

각 VC와 협회 홈페이지, 인터넷 검색 등을 통해 초기 기업에 전문성을 지닌 VC 관련 정보를 미리 찾아보는 게 중요할 것이다. 특히 해당 VC 의 투자 포트폴리오를 살펴보는 것은 필수이며 그 투자사가 그동안 어떤 기업들에게 주로 투자해 왔고 어느 분야를 잘하는지를 미리 알아보면, 투자 유치의 효율성이 높아질 것이다.

[투자자들을 찾을 수 있는 사이트]

1. 한국벤처투자: 모태펀드 출자 펀드

   http://fundfinder.k-vic.co.kr/rsh/rsh/RshMacFnd

2. 엔젤투자지원센터: 전문엔젤, 엔젤클럽, 개인투자조합

   https://www.kban.or.kr

3. TIPS 운영사(벤처스퀘어도 TIPS 운영사)

   http://www.jointips.or.kr

4. 중기부 등록 액셀러레이터

   https://goo.gl/bRPzXB

5. 한국벤처캐피탈협회 소속 벤처캐피탈

   https://goo.gl/BAc7vL

6. 한국 성장 금융 출자 펀드

   https://www.kgrowth.or.kr

7. 벤처스퀘어 투자정보시트

   https://www.venturesquare.net/squarebase

4) 사업계획서

사업계획서란 BM(비즈니스 모델) 작성 후, 사업에 대한 밑그림으로 성공적인 사업 추진을 위해 사업 전반에 대한 내용을 문서화 한 것이다. 사업의 수행 주체, 기업의 활동 범위, 자원의 활용 방법, 경영 전략 등 사업에 관한 제반사항을 체계적으로 작성한 문서라고 할 수 있다.

사업 초기 단계에 사업계획서를 제대로 짜놓으면 앞으로의 진행이 정말 쉬워진다. 처음엔 좀 힘들어도 일단 한번 잘 만들어 놓으면 지원 과제별로 조금씩만 내용을 바꾸는 식으로 효율적인 준비가 가능해지기 때문이다. 이제는 부처마다 표준 양식(제안서)을 채택하고 있어, 과제마다 별반 다르지가 않다. 또한 머릿속으로만 생각하던 사업계획을 글로 꼼꼼히 정리하다 보면, 내가 세웠던 전략의 문제점과 오류를 발견할 수 있는 확실한 계기가 된다. 내 눈으로 문제점을 확인해야 이를 보완할 수 있는 구체적인 방법을 고민하고 해답을 찾는 노력도 할 수 있는 법이니 말이다. 다시 말하지만, 사업계획서만큼은 미리미리 시간을 갖고 제대로 준비해야 한다.

즉, 사업계획에서는 내가 무엇으로, 얼마를, 어떻게, 언제 벌 것인지에 대한 설계가 제대로 짜여 있어야 한다. 시장성 있는 제품을 통해, 어떤 소비자에게 어필을 해서, 얼마만큼의 수익을, 언제 올릴지에 대한 현실적인 전략과 목표가 구체적으로 들어 있어야 한다는 얘기다. 무엇보다 이를 표현함에 있어서 객관적이면서도 간결하게, 체계적으로 작성하는 것이 핵심이다.

• 사업계획서 작성 방법

일반적으로 사업계획서 작성 절차는 다음과 같다.

> 사업 아이템 검토 → 시장조사 → 경쟁 현황 분석 → 상품 분석 → 고객 분석 →
> 마케팅 전략 수립 → 재무 계획(예산 수립 – 매출/비용 산출)

사업계획서에 들어가는 구성 요소는 크게 회사의 개요와 시장 분석 내용, 개별기술 및 제품 소개, 사업 추진 전략, 재무 계획 등으로 이뤄진다. 많은 전문가들이 사업계획서는 아이디어 구상단계 때부터 작성하는 것이 좋다고 조언한다. 일단 아이디어가 떠오르면 대략적이라도 우리의 사업 전략, 수익 모델, 시장과 고객 등을 정리해서 작성해놓고, 이후에 전략이 바뀌거나 새로운 아이디어가 떠오르면 버전업을 해서 다시 보완해 나가는 방식이다. 또한 시간 날 때마다 과거에 작성한 사업계획서와 최근 것을 수시로 비교해서 비즈니스 전략을 세심하게 가다듬어 간다면, 앞으로의 사업 진행 방향을 명확히 하는 데에도 도움이 될 것이 분명하다.

보통, 한글 문서로 20~30장 분량의 사업계획서와 파워포인트로 40~50장 분량의 사업계획서 2부를 미리 준비해 두면 향후 업무에 도움이 된다. 대부분의 정부 과제 신청에 필요한 사업계획서는 중복되는 부분이 많기 때문에 이렇게 2부를 세트로 구비해 놓으면, 목적에 맞게 편집해서 사용하기가 쉽다는 점도 기억해 둘 필요가 있다!

사업계획서 작성법 9대 요소

요소	주요내용
구체성	3자가 납득할 수 있도록 구체적으로 작성
객관성	공신력 있는 자료를 통해 객관성과 전문성 확보
핵심성	사업의 핵심과 기업의 강점을 강조
단순성	전문용어보다는 보편적인 용어 사용
대비성	발생가능한 문제에 대한 대비책 마련
간략성	분량은 25~30페이지 내로 작성
타당성	구체적, 객관적 근거로 누구나 이해 가능
현실성	실제 상품구현을 통한 이익실현 가능성
완전성	사업계획서의 모든 요소가 구비

[사업계획서 작성 요령]

1. 회사개요
  ① 회사의 현황과 연혁
      • 회사명, 설립일, 대표이사, 매출액, 자본금, 직원수 등
  ② 자본금 및 주주 구성(법인의 경우)
      • 자본금 변동사항
      • 주요 주주 구성
  ③ 비전 및 경영이념
  ④ 사업개요
      • 핵심 사업내용
  ⑤ 조직 및 인적자원
      • 대표이사 및 주요 경영진 학력 및 경력
      • 주요 기술진 및 핵심인력
  ⑥ 물적자원
      • 보유기기, 연구장비, 생산시설 등
  ⑦ 지식재산권 현황
      • 특허, 상표, 인허가 등
  ⑧ 주요 경영목표
      • 향후 3~5년간의 경영목표(매출액, 이익)
  ⑨ 전략적 제휴
      • 수요처, 공급처, 생산/외주업체 등

2. 시장분석
  ① 제품 및 산업의 특징
      • 기술 및 제품의 간단한 소개
      • 제품의 종류 및 특징
      • 해당산업의 특징
  ② 시장 분석
      • 관련 시장 동향
      • 국내외 시장규모, 주요 수요처

③ 경쟁사 현황

    • 경쟁사 및 경쟁제품 현황

④ 시장 전망

    • 향후 시장 전망(기술의 발전 방향)

    • 최근의 트렌드

3. 개발기술 및 제품 소개

① 기술 및 제품의 핵심역량

    • 기술/제품의 특징 및 우위요소

② 신기술 및 신제품 개발 현황

4. 사업추진전략

① 자금소요계획

② 생산계획

③ 판매계획

④ 설비투자계획

⑤ 인원, 조직 계획

5. 재무계획

① 추정매출액

    • 3~5년 정도의 매출액 추정

② 추정재무제표

    • 재무상태표, 손익계산서

사업계획서[표준 양식 - 예시]

□ 일반현황

사업화 과제명	진행하고자 하는 창업사업화 과제를 구체적으로 기재 (예시: AR을 활용한 간호사 교육 솔루션)			
신청자 성명 (생년월일)	한글로 기재 (0000.00.00)	성별		□ 남 / □ 여
기업명		사업자등록번호		사업자등록번호 기재
		법인등록번호		법인등록번호 기재(해당시)
개업연월일 (회사성립연월일)	0000. 00. 00 개인사업자 '개업연월일', 법인사업자 '회사성립연월일'을 기재(최초 설립 사업자 기준)	사업자구분		□ 개인사업자 □ 법인사업자 □ 단독대표 □ 공동대표 □ 각자대표

사업비 구성계획 (백만 원)	정부지원금		00백만 원	주요성과 ('20년말 기준)	고용(명)	0명(대표자 제외) ※ 신청일 기준 현재 고용인원
	대응 자금	현금	00백만 원		매출(백만 원)	00백만 원 ※ 전년도 총 매출
		현물	00백만 원		수출(백만 원)	00백만 원 ※ 전년도 총 수출(수출실적 발생 당일 기준환율 기준)
	합계		00백만 원		투자(백만 원)	00백만 원 ※ 전년도 총 투자유치

산업 및 지적재산권 등록현황 (신청과제 관련 특허, 실용신안, 프로그램 등, 해당시 사본 제출)			
재산권 종류	산업 및 지적재산권명	등록번호(년월일)	권리권자
특허, 실용신안, 프로그램 등			신청인만 해당

기술개발 및 사업화 실적 (최근 3년 이내 개발실적 중요도순으로 기재)				
개발과제 및 내용	개발기간	개발기간	신청자 역할	지원기관

창업사업화 중복지원 검토 확인사항 (중앙정부 소관 지원사업 수행실적)			
사업명	지원기관	지원기간	지원금액
		0000.00.00 ~ 0000.00.00	
		연.월.일 단위까지 기재	

□ 사업화 과제 개요(요약)

사업화 과제 소개	※ 핵심기능, 소비자층, 사용처 등 주요 내용을 중심으로 간략히 기재	
사업화 과제 차별성	※ 사업화 과제의 현재 개발단계를 기재 　　예) 아이디어, 시제품 제작 중, 프로토타입 개발 완료 등	
국내외 목표시장	※ 국내 외 목표시장, 판매 전략 등을 간략히 기재	
이미지	※ 아이템의 특징을 나타낼 수 있는 　　참고사진(이미지) 또는 설계도 삽입 〈 사진(이미지) 또는 설계도 제목 〉	※ 아이템의 특징을 나타낼 수 있는 　　참고사진(이미지) 또는 설계도 삽입 〈 사진(이미지) 또는 설계도 제목 〉
	※ 아이템의 특징을 나타낼 수 있는 　　참고사진(이미지) 또는 설계도 삽입 〈 사진(이미지) 또는 설계도 제목 〉	※ 아이템의 특징을 나타낼 수 있는 　　참고사진(이미지) 또는 설계도 삽입 〈 사진(이미지) 또는 설계도 제목 〉

1. 문제인식 Problem

1-1. 제품·서비스의 개발동기

※ 자사가 개발(보유)하고 있는 제품·서비스에 대한 개발동기 등을 기재

1-2. 제품·서비스의 목적(필요성)

※ 제품(서비스)을 구현하고자 하는 목적, 고객의 니즈를 혁신적으로 해결하기 위한 방안 등을 기재

2. 실현가능성 Solution

2-1. 제품·서비스의 개발 방안

※ 제품(서비스) 구현정도, 제작 소요기간 및 제작방법(자체, 외주), 추진일정 등을 기재

〈 사업 추진일정 〉

추진내용	추진기간	세부내용
제품보완, 신제품 출시	2022.0.0 ~ 2022.0.0	OO 기능 보완, 신제품 출시
홈페이지 제작	2022.0.0 ~ 2022.0.0	홍보용 홈페이지 제작
글로벌 진출	2022.0.0 ~ 2022.0.0	베트남 OO대학 계약체결
...		
...		

2-2. 고객 요구사항에 대한 대응방안

※ 기능·효용·성분·디자인 등의 측면에서 현재 시장에서의 대체재(경쟁사) 대비 우위요소, 차별화 전략 등을 기재

3. 성장전략 Scale-up

3-1. 자금소요 및 조달계획

※ 자금의 필요성, 금액의 적정성 여부를 판단할 수 있도록 사업비(정부지원금+대응자금)의 사용계획 등을
기재(신청사업의 통합관리지침 및 세부관리기준에 근거하여 작성)

〈 사업비 세부내역(정부지원금+대응자금) 〉

비 목	산출근거	세부내용		
		정부 지원금	대응자금(현금)	대응자금(현물)
재료비	• DMD소켓 구입(00개×0000원)	3,448,000		
외주용역비	• 전원IC류 구입(00개×000원)	7,652,000		
지급수수료	• 동영상 제작 용역		7,000,000	
인건비	• 국내 OOO전시회 참가비 (부스임차, 집기류 임차 등 포함)			
…				10,000,000
합 계				

3-2. 시장진입 및 성과창출 전략

3-2-1. 내수시장 확보 방안 (경쟁 및 판매가능성)

※ 내수시장을 중심으로 주 소비자층, 주 타겟시장, 진출시기, 시장진출 및 판매 전략, 그간 실적 등을
구체적으로 기재

내수시장 진출 실적 ※ 관련실적이 없는 경우 '해당사항 없음'으로 기재

3-2-2. 해외시장 진출 방안 (경쟁 및 판매가능성)

※ 해외시장을 중심으로 주 소비자층, 주 타겟시장, 진출시기, 시장진출 및 판매 전략, 그간 실적 등을
구체적으로 기재

4. 팀 구성 Team

4-1. 대표자·직원의 보유역량 및 기술보호 노력

◦ 대표자 현황 및 역량

◦ 현재 재직인원 및 고용계획

현재 재직인원 (대표자 제외)	명	추가 고용계획 (협약기간 내)	명

◦ 직원 현황 및 역량

순번	직급	성명	주요 담당업무	경력 및 학력 등	채용연월	일자리 안정자금 수혜여부
1	과장	○○○	교육과정 개발	간호학과 교수	'16. 8	○ / X
2	...		해외 영업(베트남, 인도네시아)	○○기업 해외영업 경력 8년	채용 예정	
3	...		R&D	○○연구원 경력 10년		

◦ 직원 현황 및 역량

순번	주요 담당업무	요구되는 경력 및 학력 등	채용시기
1	S/W 개발	IT분야 전공 학사 이상	'23. 8
2	해외 영업(베트남, 인도네시아)	글로벌 업무를 위해 영어회화가 능통한 자	
3	R&D	간호학 전공 석사 이상	

◦ 업무파트너(협력기업 등) 현황 및 역량

※ 창업아이템 개발에 필요한 협력사의 주요역량 및 협력사항 등을 기재

순번	파트너명	주요역량	주요 협력사항	비고
1	○○전자		테스트 장비 지원	~'18.12
2	…			협력 예정
3	…			

◦ 기술보호 노력

※ 개발(한)하는 제품·서비스의 보호방안 및 운영하고 있는 자체 기술보호(보안) 관리 체계(보안담당자 지정, 기술보호교육, 보안규정, 기술임치도입, 출입관리 등 기술적 물리적 보안시스템 운영 등)
※ 제품·서비스 개발 후 기술유출 방지를 위한 기술보호 계획을 기술

간호창업과 마케팅

1판 2쇄: 2023년 2월 9일

저　자: 김명애

발행처: IMRN

등　록: 제406-2020-000116호

ISBN: 979-11-971867-4-5